# 萬般開志總是情

每月清谈集

—施伟斌—著—

人民交通出版社股份有限公司
China Communications Press Co.,Ltd.

# 目录

Contents

# 自序

Introduction

## 致风雨中人

艺术家在创作过程中，体尝到丰满的力量感；作家在著作过程中，亦彰显一己生命的内潜精神；企业家在长袖善舞和运筹帷幄之中，也同样地丰富自己、完整自己。

中学时代第一次读到此段文字，已被深深吸引，至今仍清楚在目。20 年前读过的文字，今天仍能顺笔而出，可见这段文字对我的影响。

当然，那时还只是扮高深的年纪，谈不上有什么深刻领会。也许是自小种下的根，在离开大学校园之后，就直奔企业江湖这条路，总认为奋战企业江湖是“过瘾”的。

回首前尘，走过了许多路，结了如斯多的人事缘，实不容易理清往昔与今日的因果关系。

屈指一算，已过10年。10年来，有顺境，亦有逆境，但始终是锲而不舍，做了一回不肯放弃的“中国乐观派”企业人。

10年的时光，在无数的意向书、计划书、可行性报告、协议书、合同、章程、批文、信用证、技术说明书之中度过，也凭借这些建立了事业的基础。

10年游历，虽未敢称历尽人情世故，却也饱览世态炎凉，真是冷暖点滴在心头；虽未跑遍大江南北，却也走过不少中华土地，寻着文化之根、觅着历史之线、揣摩变化所趋、探索不变所系。

读万卷书，行万里路，所见所闻，心有所动，便尽情写意笔墨之中。《每月清谈集》的文字，便是几年来生意上的一些鸿爪，开始只在英达公司内部传阅。所谓“无心插柳柳成荫”，后经同事、朋友、同学的相互介绍推荐而渐渐传开，据说还赢得些捧场客。读者对《每月清谈集》的热烈反应，远超我意料之外。如今人民交通出版社股份有限公司要把《每月清谈集》的文章结集出书，名为《万般斗志总是情》，我当然乐见其成。

撰序之际，思前想后，方觉自己的事业行止已于不觉间，由“贸易公司”转为“实体企业”，由“设备制造商”伸延到“工程施工”，由“中国香港”扩张到“中国大陆”，再跨过太平洋到达“美洲大陆”。随着一家家分公司的建立，自己的心亦安定下来。这分布于各地的中心，便是我安身立命之所寄了。更大的目标是能否在神州建成公路养护百年老店的第一家。

既然心中已有鲜明的理想，唯有全情投入，才能感觉环境，掌握情况。亦唯有动真情，才能不断推动企业向前，鼓动风气，振奋人心。

《每月清谈集》是我的真情之作，每篇文字都是我的求生历程、探险心得。我相信，真诚的文字值得一写，值得一读。伪大师，假道学，我不为也，亦为不了。

以一个坚持事业，力求透过商业行动实践腹中文章的“企业文人”的身份写一些真实扎实的文字，我自问还有很多不足之处，望诸君包容见谅。相信他日多磨炼，必会更加精进，到时再与各位一同剖心解局，笑闯江湖。

最后，借用宋代大儒程明道的《秋日偶成》与各位读者共勉——

闲来无事不从容，睡觉东窗日已红，
万物静观皆自得，四时佳兴与人同；
道通天地有形外，思入风云变态中，
富贵不淫贫贱乐，男儿到此是英雄。

今天的企业人与古代书生的从政本质相类，尤重心性修养。

事业心，诗画情，古今相通。

施伟斌

2016 年 5 月 1 日

# 随机结缘战江湖

英达机械已经一岁了。过去一年，哭的时候多，还是笑的时候多呢？抑或是八大山人式的哭笑不得？亦可能是林语堂的啼笑皆非。

当然最怕是欲哭无泪，欲语无言。最闷的是无所用心，无从哭笑，无无聊聊又一年。

我是一个受不了无聊的人，也是一个不喜欢平淡的人。因此，常把佛家的平常心理解为动心。英达机械也就是在这动心中诞生的。

一年来，有许多机缘发生。事物的机，人情的缘。机缘巧合之际，若能顺势掌握，便会成为一个关键的契机，一个转化、深化的转捩点。正如有机会在英达公司工作是一个“机”，同事之间的合作是众多的“缘”，而通过英达公司结交了更多的朋友则是更广的人缘。

一年的英达机械，是年轻的企业，要改善的地方还有许多。只要大家“有心”“用力”，上下一心，我们绝对可以建立一支高素质、高度团结的队伍，生产出高品质的产品。

英达机械的目标是成为全国具有代表性的、一流的公路养护设备制造商。要开发的产品还有很多，紧接下来的一年，我们还会集中全力在“修路王”身上，做到精益求精。我们的策略是“先求凝聚，后求发放”，我要求各位同事悉力以赴。记得在第二次世界大战时，英国首相丘吉尔给他的官兵们的信里有这样一段话：

“功劳属于身在竞技场上的人，他们面上蒙着尘土和血汗，却仍在勇猛地奋战；他们抱着有所必为的心志，竭尽全力以赴，即使失败也问心无愧，不致沦为不知胜利和失败，只知瑟缩场边的冷漠怯懦的旁观者。”

打仗也好，工厂生产也好，商业活动也好，只要心有所主，前瞻有望，皆能安下心尽心尽力做好手上的每件事。

我作为企业的掌舵人，希望能以拥有英达这支队伍而骄傲，每个同事能以作为英达的一分子而自豪。

我和全体同事共勉。

1998 年 8 月 1 日

# 求根源

经营管理的基本精神在于“求根源”三个字。台湾经营之神王永庆在不同场合再三提出“追求管理必须从最辛苦而乏味的基础工作着手，管理就是追根究底，实事求是，点点滴滴求其合理化。”

所谓合理化，就是凡事以品质为依归。产品的质量，反映了工作人员的品质，反映了生产过程的所有因素。业务的好坏，反映了办事人的能力，反映了商业活动过程的所有因素。

如果只懂皮毛，只顾虑面子，就不能深入问题的根。解决不了根的问题，就没有品质可言，

没有业务可言。

企业要提高效益，就要求合理化。要求合理化，就要求根源。求根源就是追根究底，不断改善，边学边改，就不可以只懂皮毛，不可以只顾面子。这样才会提高实力，有了实力才能产生魄力。否则没有实力就会心虚，心虚就不敢管，只做好人，放任部属，导致效益下降。

导致效益下降的人必定是要出局的，因为我们不能允许有人拖公司后腿。

有员工问我：“你怎样评定哪些人忠于公司，爱公司呢？”

我的回答是：“办事认真就是爱公司，敷衍应付就是不爱。”

有心求根源，办事自然会认真。

1998 年 9 月 1 日

# “认命”与“立命”

经常听到一些怨言，说的都是别人不是，家庭背景不好，公司管理不是，社会环境不好。却很少看到这些人自问真正为别人做了些什么，为公司做了些什么，为社会做了些什么。我认为这些人生活态度出了问题。

我的生活态度是先认清客观存在的东西，这就是“认命”。然后再“立命”。明朝的云谷禅师对立命有这样的一段话，大意是：

“人是义理再生之身，透过不断地思考和实践创造出来的主体。人若是理解自己的命运，便要掌握这不断运行的生命，不断地为生命定目标，亦即立命。”

对个人来说，仅仅是认命而不立命，久而久之内心就充满着消极。说什么淡泊功名，与世无争，其实不是看破，而是肤浅。只懂立命，忽略了认命，久而久之就会给人眼高手低、不现实的感觉，是离地的根，最终会带着怨气离开人间。

有人经常会想：假如我是老板，我就怎样怎样；假如我是经理，我就怎样怎样；假如我是……一系列的假如都是不现实的。你要加薪，首先问一下自己存在什么缺点，能力如何，有何贡献。你要当头，首先认清楚客观存在的东西，才可以消掉怨气。怨气消掉只是第一步，更重要的是定目标，一步步完善自己。更关键的是要懂得什么叫作“付出”。

对于企业而言，先“认命”再“立命”也是极其重要的。运用财务金融技术谋求发展和扩张业务版图之前，更重要的是先处理好经营管理的根本要务。

谋略纵横只属辅助，经营管理才是基本。《孙子兵法》云“以正合，以奇胜”，还是要先立于不败之地，坚实本身的经营政策和管理制度之后，才运用奇谋求功。

若要不战而胜，首先要自立不败；如要自立不败，则必须培元固本。

先要“脚踏实地”，才能“手擎青天”。

恰逢中秋佳节，祝大家节日快乐，人月两团圆。

1998 年 10 月 1 日

# 知识、能力与态度

每个人都是根据自己的知识去分析事物、得出结论的。但知识并不等于能力。要有较高的业务能力，必须拥有两个基本因素：广博知识为其一，正确态度是其二。

一些青年才俊，饱受高等教育，喜欢大发议论，发表大计划，讨论大策略，但却只是停留在口头发挥的阶段。不要说实践力行，就连坐下来把言谈变成文字也定不下心。这些饱读群书，历尽考试的才俊，竟对“纸张工作”（paper work）心怀恐惧，不愿也不能安安静静地细读资料，拟写计划。要知道：能够自律地处理文件及资料，把思想及讨论变成文字传阅及存案，只是加强知识的第一步。

态度又是如何影响知识的呢？

世界上的知识和学问是无限的，但个人的学识是有限的。如果只认为自己的看法一定对，就很容易陷入“所知障”，也就是说自己的知识及经验成了正确认识事物的障碍。骄傲自大、自以为是的人最容易陷入“所知障”的牢笼。尽管聪明，但始终难有所成。这也就是为什么许多被称为“醒目”的人，搞来搞去，达不到目的。

谦虚向别人请教是正确态度的第一步。

拥有了丰富的知识及正确的态度，是把知识转化为能力的基础。但能不能转化成功就只有靠持之以恒的实践，没有捷径，这是平凡的道理。

曾经有这样的一个故事：

有一天，大诗人白居易问鸟巢和尚：“禅道的真髓是什么？”

和尚答道：“诸恶莫作，众善奉行。”

这是平凡之极的道理，白居易困惑地说：“这是三岁小儿也知道的道理。”

和尚说：“三岁小儿也晓，但八十老翁也未能够贯彻实行。”

道理是平凡，但持之以恒地实践却绝不平凡。

1998年11月2日

# 尊敬是赚回来的<br>关系只是敲门砖

每个人都有加入新组织的经验，按照一般情况，都会有受到别人排斥的可能。但人很怪，如果挨过了排斥而又表现了自己的能力，别人便会尊敬你。因此，尊敬这种心态，是要用能力赚回来的，不是别人赋予的。

三国时代，刘备尊敬孔明，但是最听他话的关羽、张飞都不尊敬孔明。这表示职位并不能给你荣耀和尊敬，真正的尊敬还是要靠自己赢取回来。后来孔明得到的尊敬全靠自己的努力赢取的。我认为孔明具备了两个条件：其一是他所有的行

为及决策都是忠于他的上司刘备，其二是他的能力比关羽、张飞强。同样道理，在企业里如果你要得到其他同事的尊敬,就应具备以上两个条件。

很多人误会成功是靠关系，其实关系只是一个敲门砖式的机会，能够长远地保持这种关系的还是要看个人的能力。

事实上，我们从前的光荣早已成为历史，若想凭旧时功劳延续今天的地位就有点幻想了。只有不断努力工作而忠于企业的人,才会受人尊敬。

1998 年 12 月 1 日

# 能量的泉源

叶虽有千万张，

根只有一条；

在青年时代说谎的日子，

我在阳光下把花叶招摇；

现在我可以萎缩为真理。

——爱尔兰诗人叶芝《随时间而来的智慧》（余光中译）

诗人叶芝在接受诺贝尔文学奖时发表感言："我一度也曾英俊像个少年，但那时我生涩的诗脆弱不

堪，我的诗神也很苍老。现在我已苍老且患风湿，形体不值一顾，但我的缪斯却年轻起来了。”

为什么诗人的诗神是愈老愈年轻？我不是文学中人，不敢妄加谈论他的生命力的泉源。我充其量不过是一个企业中人。商场也的确充斥着不断招摇的花叶。不信？随便观察任何一个商业中心的角落，便知所言不虚。但招摇的花叶最易被风吹落，被雨打下。花叶的光彩盛极一时，但很快便枯萎脱落，不动的还是泥土下面的根。

企业，当然不同于花草树木。不过，企业也有它的根——正气、静气、勇气、力气，组合而成企业能量的泉源。正者，做事光明磊落，绝不拖泥带水；静者，心平气和，处事有序；勇者，意志坚定，肯负责任；力者，汗流浃背，勇往直前。

然而，企业中最要不得的就是骄气和娇气。骄者，眼光狭窄，做了一点小事就很了不起，绝不能成大器。娇者，怕辛苦，做错事怕被责怪。《菜根谭》有句名言：“宁为君子所责修，毋为君子所包容。”意指：宁愿被正人君子严责，也胜过他那表示放弃的宽容。指导者之所以指责严厉，正因为他对此人怀抱期望。绝不要误以为指导者在为难对方。相反，假如指导者什么都没说，就表示他已完全放弃。人若到此，也就没有希望了。我只希望强调身在企业世界中人，切忌骄、娇二气，应该反思一下自己的作风、态度。

人不宜离群独居，企业人更不宜孤芳自赏。只有泥土下的根稳固，才能开怀舒展真正属于自己的花叶。玫瑰便是玫瑰，百合便是百合，各擅胜场。

此为新年之感。

祝大家在新的一年里，一切顺利、平安！

1999 年 1 月 8 日

# 基本功

最近美国有一本畅销书《求生的艺术》，作者杜林普有这样的一段序言：

“一个专业的拳师是任何有志掌握求生之道者的理范。若要明白我的意思，只要把一个初打校际拳赛的新秀之表现，跟一个拳坛老手比较，便知分晓。

这位少年新秀或许来自贫民区的街头，满头凶悍、杀气腾腾，在街上散步已能把路人吓得退避三舍。然而，当他踏足拳赛台上，一旦挨上对方一两拳后，便会方寸大乱，狂挥乱舞双拳，以致大量消耗体力，予对方有机可乘。

他又可能缩作一团，只知拳手蒙头，任人宰割。这两种表现皆是人之常情，自然反应。但一个专业拳师的表现，却绝不相同。经过长期锻炼，他早已预期一旦上台，便不一定会顺顺利利。他清楚知道对方必定会不断向他出击挥拳，而作为一个熟练的求生者，在承受对手攻击的同时，不断出拳攻击对手。”

拳赛也好，经营生意也好，甚至人生也好，总要能受得住打击，更不断反击，方为上策。

其实，拳击的招式简单，来去三数下。专业拳师具备的是什么功夫？答案很简单，就是每天练习基本功数千下。

经常听到长辈们说企业管理都是老生常谈的平凡道理，难便是难在每天把心力全神贯注在这基本的平凡原则上，视之为生死所系的关键来实践力行，还要十年如一日地实践力行。

企业文化，员工士气，皆不外乎大家一致认同一套基本守则、基本理念，然后认真实践力行。

一件事若能持续十年，成效必不简单。

香港某报社访问一位日本剑道高手，问其习武心得。其实，这位剑道高手只是每天把每个基本招式练一千次，日久见功。剑道招式简单，来去也只是三数下，但基本功所积的气、所发的劲、所展露之势就绝不简单。

试想一下，如果一百个人，每人每日每招练一千次，十年之后，这个百人剑阵一出，必是气势如虹。

如果这样一个企业，将会是一个什么样的企业?

厚实的企业，员工的基本功必定是扎实的。

1999 年 2 月 1 日

# 基本功(续)

有同事想具体了解我所说的企业基本功。在此我补充说明一下，便于大家理解我的观点。

对于技术部人员来说，设计水平有高低之分，但真正高手在基本功方面是极少犯错的。如尺寸是否对应，表达是否有误，原理是否符合逻辑等。可见，严谨的逻辑推理及细心检查图纸是技术人员的基本功。

对于行政部人员来说，公关能力当然重要，但真正完成任务要靠仔细了解各有关机关部门的政策，仔细阅读条例、法律。可见，深入仔细阅

读条文是行政人员的基本功。

对生产部人员来说，提高生产效率是目的，但效率的最基本因素在于纪律，在于服从指挥，在于约束懒散态度。可见，遵守纪律为生产人员的基本功。

对财务部人员来说，财务技巧当然重要，但仔细地、分毫不差的准确反应账目，绝不粗心大意则更为重要。可见，心细为财务人员的基本功。

对销售部人员来说，把订单拿下来是目的，但向客户阐明产品为他们带来的好处，不厌其烦地厚面皮接触客户，发现问题，了解客户情况，才是成功拿下订单的保障。工程机械的销售工作绝不能靠空洞的口号。可见，懂得向客户发问问题才是销售人员的基本功。

基本功是“用力”得来的，光坐着想是不会提高基本功的。练基本功常常是枯燥乏味的，但出类拔萃的人才都是经过长期磨砺，具备了扎实的基本功，才成就了一番事业。人才绝不是捧出来的。

曾在香港报纸上看到以下一句话：

“光子本不存在，只有在电子运行之中产生出来；琴音本不存在，只有在指拨琴弦的一刹那在空气间出现。”

正如光子及声音一样，一个人的工作成绩并非预先存在其身体里面，而是在每日不断行动当中体现出来的。

1999 年 2 月 4 日

# 赚　钱

有些人能够富有，而且也给其他人带来富有的希望和机会，这对整个社会都有鼓舞作用。

——林肯（美国总统）

小时候，就读到林肯这一番话，一直把它记在心里。

富有可以分为精神上的和物质上的。企业里所说的赚钱是属于物质上的。赚钱是一个很抽象的概念，不是说要赚就可以赚到。企业有钱赚是因为它提供顾客所需要的东西，员工有工资发是因为他提供了老板所需要的东西，你能够赚更多的钱是因为你满足了老板更多的需要。因此，工资是满足了老板的需要后所产生的一种效果。

对工资不满，就应该离开公司。留在公司又埋怨工资低，是没有出息的人。如果认为自己能力很强，公司没有你发挥的空间，就应该另谋高就。反过来说，你满足不了老板的要求，老板会请你离开。这不是无情，因为公司不是观音，不是耶稣。公司的生命力是依托在“是否满足市场的需要”上的。不应埋怨顾客过于苛刻，自由市场就是无情的。企业要生存，就要面对市场无情的挑战。

在无情的自由市场竞争下，企业在压力下求生存。企业里的每个员工都应该在压力下工作。这是符合逻辑的。员工的压力是什么呢？就是要承担责任。

一个员工最重要的地方，不是他的脑袋，而是他的肩膀。一个聪明而不承担责任的人，只是一个聪明的难题制造者。他越聪明，他所制造出来的难题别人越难善后，后果更是不堪设想。我们需要的是肯承担责任的人。

优秀的企业是在无情的自由市场竞争下产生的，优秀的企业人才是在压力下磨炼出来的。

整天希望洪福将至的人，醒一醒吧！

1999 年 3 月 1 日

# 解决问题

前阵子，偶然翻阅了多年前我在英国读书时写的论文，文中有一段这样的文字：

“…Problem Solving is the art of getting the way from where you are to where you want to be…”

“……解决问题是一种艺术，是从你站的地方走到你要去的地方……”

对于这段话，我到现在还是非常的认同。《每月清谈集》不是学术论文，我不想在此具体深入

讨论学术性的定义。但是，解决问题的作风、概念值得讨论，当然是在一个前提下讨论的——你要去的地方是符合实际的。比如，你还想在英达公司工作的前提下讨论的。不然的话，全都是空话、废话。

曾经有同事向我抱怨，尽了力工作，却得不到同事和上司的尊重。我请他回去想想，是否将心机放在找借口和推卸责任上，而不是解决问题和承担责任。如果是前者，他得不到尊重是理所当然和活该的事。

我还看到一些员工往往想尽办法去解释工作上的困难和不可为的原因，但却忘记了把精力集中投入到工作中去解决和克服困难。

有些人认为，做事没有犯错就等于把事情做妥了。这些人往往是在做事之前就想好了借口，以便出错时推卸责任。

多年的工作经验告诉我，真正能解决问题的人具备前线作战的能力，他不会与实战脱节，他可以挺身肉搏去战斗。他既能指挥他人工作，又可以自己披挂上阵。

我奉劝各位同事要注重实战能力。与其整天

花时间解释问题，不解决问题，不如及早操练基本功。千万不要陷入一个无法自食其力、无法赤膊上阵、无法生存下去的困境。

那些以为只要把困难解释过去，就等于把困难解决的人，是彻头彻尾的骗子。

1999 年 4 月 1 日

# 耕　耘

风雨中舞剑，
不是为舞而舞，
不是为掌声而舞，
不是无奈地舞，
而是内在生意的自然流露。

《每月清谈集》的文章是特意为英达企业人而写，畅谈作为一个企业人该以怎样的态度去面对工作。企业绝不是做过路生意的，企业人的命运与企业的命运分不开，企业人的命运也就是企业的命运。

身为企业中人，清楚知道企业的最大推动力是人，最重要的资源亦是“人”，笔下文字都是目中有人的文字。倘若目中无人，便不知从何下笔了。过去的八个月，《每月清谈集》经常围绕着几个励志的词汇，可以概括为活力（精神斗志之表现）、认真（肯负责任之行为）、扎实（勤练基本功之效），都是老生常谈。

上星期一位朋友对我说：“我和其他朋友看完了你的《每月清谈集》，觉得你说得很对，很有启发作用。”我没想到朋友的反应那么正面，回响那么大。当时我在想：

到底英达公司里有几个人在听我说话？

到底有几个人听明白？

到底懂感恩惜缘的人又有多少？

到底懂得掌握机会的人又有多少？

在自己的成长过程里，经常听到长辈们的训诫：“把自己的注意力集中在自己可以把握的事情上。对自己最有把握的就是自己的表现。”换句话说，就是默默耕耘、循序渐进。

我从小到大就不喜欢短期行为，喜欢长远考虑，默默耕耘。正因为如此，非常看不惯转轨时代所出现的焦躁、短视、偷巧。

中国的“有所不为，有所必为”，是耕耘；

美国的梭罗信念，是耕耘；

日本的品质圈，是耕耘；

十年树木，百年树人，更是典型的默默耕耘。

英达企业的董事都饱受西方教育，喝的是西方墨水，而流的是中国血，背负着悠久的文化，感受着现代文明。也许这样的身份最有资格称为世界公民。大家都想融汇东西方文化，衍生更有创意、更富活力的企业新理念。难道这些不需要耕耘吗？

在香港的超市里看到这样一个标语：“今天不努力工作，明天努力找工作”。无独有偶，在电视上看到南京某医院也挂了同样的标语。这是对不想耕耘的人发出的警告。

美国也好，中国大陆也好，中国香港也好，非洲也好，肤色有别，文化有异，但大自然的规律是没有区别的。

美国著名管理大师本尼斯（Bennis）说得好:“培养人才的最佳方式是企业给予他们的机会。另外,就要看他个人给不给自己机会,那就是——懂不懂默默耕耘。”

香港中文大学陈耀南教授的著作《中国文化》有如下一段话:

“几千年来的中国，是一个大陆农耕社会，农业生产不免望天打卦，祈祷丰年，但更要努力耕耘，勉尽人事，就是发展出一种以人为本、崇高实用的文化精神。农家耕耘五谷，畜养鸡豚，需要忍耐栽培，珍惜生命。生命孕育于深藏果实之内的种子，于是探索文化的价值根源，也自然内向寻求，反省本心。聚族务农，安土重迁，企盼大自然的风调雨顺，人事的融洽亲爱，于是重视伦理，讲究协和。”

默默耕耘，修心协和，难道不是中国企业的文化特性吗?

在风雨中耕耘的确是踏实人生的自然流露，大自然的规律，连上帝也改变不了的事实。

1999年5月7日

# 耕耘（续）

这两天，传来的一则新闻使大家感到极度气愤。美国为首的北约空袭中国驻南斯拉夫大使馆，造成了严重伤亡及破坏，激起全球华人的强烈愤慨。

中国政府表示强硬抗议，群众、学生都表达了捍卫国土及国家尊严的决心。然而，国家的尊严来自实力，最终是经济实力。

在电视上看到了八个字“北约捣乱，我们不乱”，很理智、很成熟。一口气看了十多篇大陆及香港的评论，结论可以概括为抗议、索赔、站稳、凝聚、自强。这种“每临大事有静气”的态度的确需要素质、内涵、忍耐、成熟。这也许是考验中国国运的一个契机。它使我想起一句古话：“天欲祸人，必先以微福骄之，所以福来不必喜，只看他会受；天欲福人，必先以微祸儆之，所以祸来不必忧，只看他会救。”

真正能明白，真正反思，真正能以平实的眼光看待国家，看待自己，就应认真装备自己，凝聚实力。这就是开始从“愤慨”中走出来。须知“天欲福人，必先微祸儆之，所以祸来不必忧，要看他会救。”今天我对朋友说，中国传统文化能历久常新，数千年不坠，自有其内在的力量。

“天行健，君子以自强不息。”道理其实很简单，也很实在，只要你身体力行去做，就会有生机。

政府也好，企业也好，个人也好，重要的是要在自己的土地上耕耘。强大了的中国，还会有人敢再来侵犯吗？

以我为例，从五年前的竞争代理业务到今天控制了美国企业，难道不是耕耘的结果吗？

“君子以自强不息”的具体演绎就是：默默耕耘、循序渐进。

与大家共勉。

1999年5月11日

# 披上战袍的男人

英雄流血汗，不轻溅泪；
骄阳长相照，壮志凌锐；
风寒寻雪路，不知崎岖；
轻提我宝剑，飞身再跨千里驹。

——《天龙诀》

学生时代喜欢把上面的文字写在自己的宿舍墙上，鼓励自己，提高战斗精神。回想起当年写字的情境，情绪还是高昂。



如今立足商场的人，都可称为企业战士。身

上的工作服就是战袍，手中的工具、笔、纸、电脑、设备等就是武器。

有一本心法经典记载着一个故事：

古时有一位茶道师，跟他的主公到国都游览，为方便旅行，穿了武士服装。

茶道师趁着他的主公去将军府，就四处游览。正当欣赏如画风光之时，迎面冲出一个浪人。茶道师想回避，浪人已急步上前向茶道师挑战。浪人以为茶道师是武士。茶道师身穿印有主公家徽标的武士袍，这个关头再做解释，只会招致耻笑而辱及主公。于是，他同意次日与浪人对战。

茶道师立即到附近一家剑道馆里，请求教练教他如何从容赴死才符合武士的身份。教练要求他做一次茶道示范。茶道师便全心全意地做他“最后一次”茶道。茶后，教练指示他以茶道的心境赴死，拔剑高举头上，闭目静候对方近身全力劈下，自能死得其所。

茶道师第二天赴约，一切照做，但久无动静。张目一看，浪人已弃剑在地，俯首认输。浪人无法在一个全心赴死而致心无挂碍的茶道师身上找到任何可乘之隙。

这个故事内涵实在是很丰富，而我只想讨论战袍这个课题。

茶道师遇见浪人后的一切行动都源于他身穿武士服装，穿了武士衣便作武士行，以至于死。

倘若那位茶道师后悔陪主公进京，埋怨自己穿武士服，胆怯了，就必死无疑。

企业中人穿了企业战衣，衣上印有企业标志，便都有了他的战区及职责。身穿经理战袍，必负经理职责，尽心尽力管好下属，遇到挑战务必要令对方俯首认输。否则，战区失守，只能成为战败者。身穿工程师战袍、业务员战袍或工人战袍，虽战区及职责比经理小，但是倘若整天埋怨这个，后悔当初，寻找借口，遇到挑战亦必输无疑。

企业老板和每个员工都必须全力以赴，才不至于沦为胆小的认输者，才有出头的日子。

企业的好汉们，拿出男子汉的气魄，挺起胸膛，傲然跨河山，到处是青天。

披上战袍的企业人，就应该有企业抱负、企业胸怀、企业修养与企业良心。

1999年6月5日

# 学　习

风声、雨声、读书声，声声入耳；

家事、国事、天下事，事事关心。

好一句“家事、国事、天下事，事事关心”，长久以来就是中国读书人的精神风骨，至今仍有丰富的时代价值。

狭义的读书指看书、阅读，广义的读书指学习。学习由“学”及“习”而成。学必须有心，习必须用力。有心用力才能够学有所成。学习的目的是明白事理，最终达到独善和兼善。独善之基本要求是求成人，兼善之基本要求是求成就众人之事。古今中外有不少以学习为中心价值的故事：

宋朝文武兼备的名将文天祥有以下的衣带文：

孔曰成仁，孟曰取义，唯其义尽，是以仁至，读圣贤书，所为何事，而今而后，庶几无悔。

能文能武的文天祥的确使人敬佩，所为之事，不外乎己立人立，为所当为，守所当守。严格地说，既要修养身心，又要精通做事的道理及法则。就是中国人讲的“德才兼备”。

击败拿破仑的英国名将威灵顿公爵自称其成功的秘诀在于学习、运用、再学习、再运用（study and apply）。他的功业便是在学习与运用的相互影响、相互交替、相互融合中建立起来的。威灵顿的学问研究，是以实践为前提的。他出将入相，绝非纸上谈兵之辈。在担当联军统帅之前，他在西班牙打了很久的游击战，有“猎豹”的称号。他能在劣境中运用有限的资源争取成果，也能举重若轻地指挥百万大军，在大规模的会战中胜出；

而战后更转为文职，成为首相。若非胸怀百万兵，怎能文事武功皆出头。

当年，毛泽东接见红色娘子军的连长时，送给她三本日记簿及100发子弹，意指“学习、学习、再学习；战斗、战斗、再战斗”，意味深长。

20世纪50年代初，日本本田企业的负责人本田宗一郎到英国观赏英国摩托车大赛，发现参赛的英国250CC摩托车全是35马力的，而日本本田公司却只有13马力，相差甚远。本田宗一郎大为震惊，顿觉羞耻。回国后，立即成立了一个研究部，以研究制造比英国摩托车更快的产品为目标。经过不断努力，终于成功，并赢得了一次又一次的国际大赛。在十年间，本田成为世界最大的摩托车厂。直至今天，本田公司仍以不断学习为自豪，成为以“学习”为中心价值的著名大企业。

古今中外，唯一确保自己长立不倒、与时俱进的法门便是学习（不但只是学，还要不断实习）。当行到水穷处，唯有学习才能够“坐看云起时”。

孔子曰：“学而时习之，不亦乐乎？”不无道理。

借用近代史上一位特立独行、才行俱备的读书人吴稚晖的一句话与大家共勉：

悠悠宇宙，将无穷极。

愿吾朋友，勿草草此生。

1999年7月5日

# 羡慕、佩服与尊重

……谈及陈嘉庚先生，那年到厦门大学，看到老先生那补过的蚊帐，那张硬板床，磨破的席子，当与老人家遗像的眼光接触时，敬佩尊崇之情油然而生。华侨巨富，毁家兴学，自己过着极简朴的生活，生意面临破产，但全部心血仍放在桑梓教育，集美学村及厦门大学，七十年来遍于国内及东南亚的学子，实伴随着老先生的英灵，这就叫春风化雨，永垂不朽。

——摘自香港《信报》评论

人的思想感情有不同的层次，不注意的话很容易混淆。

第一个层次是羡慕。这通常是与“外在”的东西相联系的，如财富、地位、相貌等，以及名牌服装、汽车、游艇、豪宅、名气等。我不是贬低这些，只是指出这些与“羡慕”相连，而“羡慕”只是一种肤浅层次的感受。之所以说它是浅的，是因为当羡慕的对象没有了，马上就不再羡慕。羡慕是属于物质的，而非属于精神的或感情的。浅的东西只能换来浅的，如呼朋唤友、酒后豪言、互相吹捧，根基一抽去，就什么都没有了。

第二个层次是佩服。这与能力、魄力、才干、学问等紧密相连，是内在的东西。一个聪明能干或学问广博，成就一番事业的人，人们都佩服他。甚至做大贼做得出色，会有人认为他有本事，也会有追随者、崇拜者。

第三个层次是尊重。这是从心的。为自己利益而奋斗的人，可以赢来羡慕或佩服，但很难赢得真正的尊重。只有公平正直、公而忘私的人，才能得到人们由衷的敬重。



古往今来，做大官发大财的人甚至做皇帝的

人在世时被人追捧，但“风流总被雨打风吹去”。抗金的岳飞、铁面无私的包拯、义薄云天的关云长、禁烟抗英的林则徐、“智者”牟宗三仍受人尊重。大人物是这样，小人物也是如此。忘我救人的医生，为病人所尊重；公平好施的富户，为地方民众所尊重；肯帮忙不势利的人，为朋友所尊重；处处为公司着想、顾全大局的员工，为老板所尊重；枪林弹雨抢救战友的士兵，为战友所尊重；……

可见，尊重是从公，而不从私。

思想感情混淆，事物就看不清，从而影响行为及习惯。切记、切记！

1999 年 8 月 1 日

# 骄、娇二气

（一）骄气

有一天海龟游到陆地上来，在海边的森林爬了一天，发现原来陆地上有很多从来没有见过的动物，如大象、马、老虎等。海龟第二天游到海里去，一见到海里的鱼就介绍说：原来陆地上还有大象、老虎、马等动物。但没有一条鱼相信他的话。

——摘自佛经的一段故事

人本身受其感应功能和过往经验的限制，经

常没法一下子看清楚整体，只好一步步地摸索。还记得小时候大人对我们说的“瞎子摸象”的故事吗？

六个瞎子对动物园新来的大象非常好奇，都希望一“睹”大象的风采。他们请求动物园管理员让他们走近大象以手摸象。

第一个瞎子上前一摸，刚好摸到大象的身体，心想：“原来大象如一巨墙，怪不得力大无比”；第二个瞎子摸到尾巴，心想：“如此细如绳子的象，如何可以发出巨大的力量”；第三个瞎子摸到大象的脚，自言自语地说：“原来还可以靠着他歇一下，有安全感”；第四个瞎子摸到大象的耳朵，立即赞叹说：“大象原来深明道家学说，以柔克刚，柔而有力”；第五个瞎子碰到了大象的长牙，说：“原来大象又尖又硬，怪不得刚劲十足”；最后第六个瞎子往前靠上去的时候，不巧摸着象鼻，被顺势卷起来，举至半空，立即大叫：“大象是非常危险的动物，大家必须小心，千万不要亲近他”。

六个瞎子都不能完全了解真相，看不到全貌。

正如哲学家柏拉图所言，我们经常看不到实物，只看到实物的影子。我们经常会受自己的经验、知识、感受所限，看不到全貌，只好像瞎子一般地逐步摸索，在所难免。

重要的是要清楚知道自己的局限，不断虚心探索，开放地与他人沟通、学习，集合众人的心得及观点，尽力描绘出“完整”的图画。即使不能做到全面了解，也能扩大认知的领域和视野。

做到逐步了解实况，就必须除掉骄气，多与他人切磋，掌握尽可能多的知识。骄气是企业中人的大忌。骄气的人最容易沦为企业瞎子。既然如此，还骄什么？

（二）娇气

有一个人中箭受伤，箭仍插在身上，他前往外科就医。医生取剪刀把露于体外的箭杆剪断后，就叫该伤者往见内科医生，因为他只处理体外的情况。

——摘自李宗吾的讽刺故事

好讽刺的故事，却是许多企业常见的现象。导致这一现象的主要原因在于企业中人不负责任，怕辛苦。同事之间、部门之间的工作范围毕竟有

灰色地带，毕竟有交叉，有时很难以“直线”划清，要衔接得好，就必须员工负责任，多跑两步路。很多人从不承认自己做错事，只懂解释“是因为其他人的错，所以导致我做错”。这一切都是娇气带来的恶果。

娇气的人最好不要工作。他们最适合的职业就是当寄生虫。由一班娇气的人组成的企业必定是“寄生企业”，必死无疑。

由此可见，企业要生存发展下去，企业中人切忌骄、娇二气。

英达企业人切记！切记！

1999 年 9 月 8 日

# 国庆节之联想

中华人民共和国中央人民政府成立了，中国人民从此站起来了。

——毛泽东在天安门城楼之宣言

民族文化和国家的发展，与个人的人生和事业发展都是循着同一道理而演进的。不同的只是规模大小、时间长短的区别吧。

国庆期间，静下心来简单回顾中国历史，令人感慨万千。



自商周起，我们便有文字的记载。周朝建立

的时候，对内制服争位的野心，对外阻吓外敌侵略，巩固了政权。太平的日子，令人过分安逸，早年的斗志逐渐消退。春秋战国，诸强争霸，周朝渐渐无力面对内部的挑战，最终走向灭亡。继之而起的便是秦朝嬴政大帝，糅合春秋战国时代的精彩文化，一统天下，使中国进入短暂的辉煌时代。可惜，秦始皇居功自傲，引致政权突然瓦解，把历史的光辉留给了后继的汉朝。汉武帝凭借积累下的财富，有力地反击匈奴，为中原地区赢得了一个相对长期的太平盛世。但是，安逸太平的生活腐化了当权者，终于再次抵挡不住内部挑战，走向灭亡。三国两晋南北朝，兵连祸结，内外交困，中原与周边地区间的交往频繁，中华民族血统更加多元化。

隋唐盛世，两宋繁荣，中华文化达至极盛，中外交流深刻影响世界文化发展。太平、安逸又一次消磨人的斗志，导致五代十国的纷争。元朝兴起，短暂统一中华。无奈物质的享乐很快侵蚀了那支横扫过欧亚的大军，元军在义军的打击下被迫退回大漠。明朝的建立，再次给中华民族带来了一段安宁的日子，直到满人入关。清朝带来了新鲜的血液和干劲，使中华民族进一步壮大，文化更加辉煌，还扩大了国家版图。

经历康雍乾盛世后，到道光年间，清朝政府在西方列强打击下，败下阵来。清末民初，中国国运到达又一个谷底，古老国家面临被西方各国连手瓜分的危险。中国人忍无可忍，奋起争取生存权。然而，国民政府仍然被腐败、残暴、内斗击败，折腾数十年，建树不彰。

纵观中国历史，在历次政权变迁中，很少是抵受不了外来入侵，绝大部分都是因为应付不了内部的腐败。这一规律含有高度的讽刺性，富贵、安逸成了政权覆亡的祸根，人们往往应付不了内在的挑战。古人云："穷则变，变则通，通则达；富则娇，娇则逸，逸则败"，说的就是这个道理。国家、民族、企业、个人的演变、发展莫不如是。

50年对一个人的人生来说是大部分，对一个企业来说是颇长的日子，但对一个国家、一个民族来说只是短暂的时光。有幸的是，几千年的历史长河中，经历了一个个盛世、尝试过一个个祸乱的中华民族没有"解散"，没有分裂，文化一脉相承。如今的中国处于"穷则变、变则通"的时代，

政治、经济、意识形态及道德的重建尚需时日。在这样的变革阶段，来不得“富则骄”，更不能“穷且骄”，否则中国永无翻身之日。现今的中国，只有建立符合国情的政治制度，改革国有企业以符合“有章法”的市场经济，重新树立起中国人的信仰和追求，才能让现代化真正地生根发芽，使中华民族自立于世界民族之林。

“变则通，通则达”是站起来的基础。

至于站不站得稳，能站稳多久，就要看能否避免“富则骄，骄则逸”。

《大学》曰：“古之欲明明德于天下者，先治其国；欲治其国者，先齐其家；欲齐其家者，先修其身；欲修其身者，先正其心；欲正其心者，先诚其意；欲诚其意者，先致其知。致知在格物。”

愿全世界华人永远站起来，并且站稳。

1999年10月8日

# 浅谈资本主义

我们所以能够得到饮食，不是出于屠宰者、酿酒者及烘面包者的恩惠，这是得力于他们对本身利益的重视；我们并非诉诸他们的人道精神，而是诉诸他们的利己心。

——经济学家阿当·史密斯（Adam Smith，1723—1790 年）

这几年在中国大陆经商的时间长了，对大陆的一些经济活动及其“游戏规则”也有一点了解。我一直深信，人的心态影响“游戏规则”的制定，

而“游戏规则”反映人的心态。近年来，虽然市场经济得到提倡，但从众多的“游戏规则”看来，许多人对于何谓“资本主义之自由经济”还有不少歪曲及误解。我所接触的人当中，对于资本主义的一些基本概念所知甚少。

我不是学经济的，充其量是一个企业人，谈论资本主义只能浅谈、简谈。

自从资本主义经济学的鼻祖（Adam Smith）亚当·斯密的传世巨著《国富论》于1776年出版以来，他所揭示的自由市场的看不见的手、利己心和分工效益经过不断实践印证之后，早已取得了西方经济学者的认同。事实上，资本主义所以能够迅速发展，并且已证实在创造财富和提高生活水平上远胜其他主义，与执政者跟随、资本家落实斯密的这些主张有不可分割的关系。

可惜的是，我发现中国大陆还有很多人不了解资本主义（我不是鼓励接受某某主义，我只是鼓励人们在相信某某主义的同时回答两个问题：这是什么意思？它有何根据？）。要了解资本主义，最起码先了解其三大基本概念，即看不见的手、利己心、分工效益。我在这里想浅谈的是看不见的手及利己心（分工效益的概念一般人都比较容易理解，马克思的《资本论》也谈及不少，在此省略）。

斯密认为如果人人为自利而忙，社会是不会陷入混乱的无政府状态。他认为人们会从不同途径努力，无意间达到互利目的，以致社会趋于和谐。而指导人们这样做的，就是市场的“看不见的手”。“看不见的手”是达致社会和谐和使自由市场能够顺利运作的根本元素。人们各为私利忙碌而形成的“看不见的手”，令自由市场自然存在。自由市场的竞争促使自利的人不得不为他人工作。他不能以自己的意愿从事生产，而必须根据他人（消费者）的需求而生产。他不能对其产品随意定价，而必须考虑消费者的接受程度。

“利己心”（self–interest）绝不是不顾他人死活的自私自利，而是指个人要改善本身境况的一种力争上游的天性。斯密称所有以利己心为动机从事经济行为的人为“经济人”（economic man）。

“经济人”从事经济活动的结果，可说是利己利人。譬如，买卖过程中，只有双方都认为对

己方有利时方能达成交易，买卖因此是彼此有利的行为；人们出于自利心而储蓄或投资，使社会多了一笔资金可运用，是追求私利增加公益的结果；在自由市场中，卖面包的老板忙碌地为自己创造财富，根据消费者口味需求生产，以消费者的价格定价；企业管理人员想当高级经理，在利己心驱使下努力为老板做事，令老板满意。斯密认为，这是利己又利他的，双方都是在自愿的情况下做事的，不存在剥削或被剥削。

最近与香港的几位老板和学者聊天，大家都觉得：中国大陆员工往往把“自利心”歪曲为不顾他人死活的自私自利，“受人钱财，替人消灾”的意识比中国香港以及西方国家的员工都弱，“寄生虫”的心态比国外强（总体感觉，不针对个人），认为公益是靠宣传维持的（如雷锋精神），没有意识到公益受破坏时私利也同时受损（例如：当你浪费了公司的资源，你会受到批评，评价被降低，升职无望，被降职。最终私利受损）。

其实，私利和公益受“看不见的手”的引导，走向利益和谐的一致。斯密主张，在制度许可范围内，每一个人都在追求本身利益，进而增加公益。

他还强调，每一个人都应自由运用自己的劳力和资本，最终达到适者生存，不适者淘汰。

我们很高兴看到落实上述学说的社会最终达至“适者生存，不适者淘汰”。所谓“适者”，就是动力来自“自利”，为“出钱人”工作，最终走向私益与公益和谐一致的人。

1999 年 11 月 10 日

注：值得一提的是，我曾经在《每月清谈集》谈及“感恩惜缘”。当时部分员工不明白为什么要感恩。我认为感恩是双方的，一方面公司感谢员工为公司所付出的贡献，另一方面员工感谢公司给他的回报及机会。

斯密学说没有提及感恩惜缘。经济学说大部分是关心物质方面的最终结果（如增长率、年收入等）。我提及的感恩惜缘是一种精神面貌，是物质以外的另一面。感恩的人（无论是老板或员工）工作时是坦然的、快乐的，绝不会长戚戚。这类人可遇而不可求。他们不仅是适者，而且是快乐的强者。

# 认错与虚怀

最高智慧就是自知无所知，永远都需要学习，只有这样我们才可以永远进步。

从美国回香港经过芝加哥，顺道探望多年不见的老朋友 Mr.Jackey Roberts。此君美国名牌大学毕业，有两个研究学位，现年四十五岁，曾是电信公司的高级职员，后来自立门户。

在闲谈间，我问他做了这么多年的生意，所犯的错误中哪一件算是最严重的。他想了一会，回答说："不肯认错应该是最严重的错误。"

他接着说，因为犯过的错误实在是太多了，属于严重错误的也不少，而最严重的莫过于死不认错。因为死不认错，根本就解决不了困难，只会把困难推到一个无法挽回的极端。

我非常认同。

我在美国、中国大陆和中国香港都遇到过一些自命不凡的人。他们都有一些共同点及相同的命运。以下是这些人的简单缩写：

大学毕业，看起来一表人才，神气脱俗，反应敏捷，说起话来字字珠玑，句句精彩，常常使人们拜倒在他们的口水花下。人人都觉得他们前途未可限量。但 10 年、20 年过去了，他们当中不少人仍然一事无成。他们过去表现出的聪明睿智已面目全非，换来的只是累倦及偏见，再也看不到脱俗的神采，留下的只是满脸的偏激和愤怒。

落得今日景况，主要的原因是他们不肯认错。须知错误本身不会因为你不肯承认而变为正确。

不肯认错就与事实有隔膜，最后发展为偏见。结果大好前途的青年，变成充满偏激和愤怒的中年。这些人经常觉得自己知识水平很高，从现实工作中去学习简直是耻辱。他们耗尽一生精力，把原来只有对与错的知识划分成贵与贱、高与低。他们把自己导入歧途，只追求成见，而不求知识的成长。

在企业里，老板要的是努力工作、有错必改的人，绝不是整天陶醉于某某名牌大学毕业、担任过某某高级职务、曾经管过多少人的人。老板所关心的是现在产品的质量、客户满意度、工作效率的高低和成绩好坏。

我可以接受同事犯错（因为圣人也会错），但不接受明知已经错了，还死不认错。

死不认错便很难虚怀地接受和学习新的事物。

聪明的正确定义是天分 + 虚怀 + 知识。天分与知识只能在虚怀中“碰头”。虚怀可以说是“用”，天分和知识是“因”。没有“用”的推动，我们没法得到成果。

我提醒各位同事，只要你在英达公司工作，请睁开眼睛，竖起耳朵，敞开胸怀，这样才能看到、听到、接触到知识。

21 世纪，信息流通速度的加快，加速了知识的新陈代谢过程。每位员工都要接受和学习新的知识，以保持自身工作的有效能力，避免被淘汰出局。

1999 年 12 月 15 日

# 千禧随想

据说大约一百万年以前，

我们进化成人类，

然后花了九十万年学用工具，

花了九万年学用火，

花了九千年学种田，

花了九百年学造机器……

到了今世纪的这一百年，

我们会飞了，

我们会用最终极的能——核能，

我们会登上月亮，

据说——

我们还将有长生不老之术。

我们本事大极了。

请为我们祝福。

——著名华裔物理学家杨振宁教授

纪元年份的千位数终于由一转到二了。由一至二，是形单影只至二人同行。《圣经》说，创世纪时上帝不忍亚当的孤独，便创造了夏娃，继而子子孙孙。无论我们相不相信上帝是否存在，相不相信基督教，有一点不可否认的是：自从耶稣出世后，人们对时间的概念起了变化。

在耶稣之前，古希腊人相信时间是循环的，像火的生灭和转化。时间的定义，就是火的形体。火转化为海，海的一半下沉为土，另一半上升为风，由海而生天与地。天地孕育万物，生灭有续，最后一切转归于火。

与古希腊的时间循环概念相似，中国的历法以六十年为一甲子，十二年为一生肖循环。兔年过了，但不要紧，十二年后还会重来。中国历法

服从于农业社会之需，春华秋实，四时有序。

古希腊人与中国人都认为时间是一个又一个的圈圈。

耶稣出世后，时间观念发生转变。基督教认定耶稣是上帝差遣至人间的儿子，耶稣的生和死、耶稣受难于十字架上都只发生一次，是不可重复的绝对事件。此绝对不可重复之事，带来时间观念的一场革命。时间是贯穿过去和未来的一条直线，不是生息循环的许多圈圈。

上述的一切都已成为历史，历史的潮流滚滚向前，然而仍然留存下不变的观念，那就是："父慈子孝，兄友弟恭，尊师爱生"及"自律守规，勤俭诚信，重视实效"。前者指的是生活的态度，后者说的是工作的态度。无论时间是生息循环的许多圈圈，还是不可重复的直线，人类的一些基本生活及工作原则未变：通过生活体会生命的意义，通过工作肯定自己的贡献。

但愿大家珍惜每一天，正视每一天，真正做到不枉此生。

2000 年 1 月 8 日

# 万般斗志总是情

昂然踏着前路去
追赶理想旅途上
前行步步怀自信
风吹雨打不退让
无论我去到哪方
心里梦想不变样
是新生
是醒觉
梦想永远在世上
前路哪怕远只要自强

我继续独自寻路向

常为以往梦想发狂

耐心摸索路途上

怀自信我永不怕夜航

到困倦我自弹自唱

掌声我向梦想里寻

尽管一切是狂想

途人路上回望我

只因我的怪模样

途人谁能明白我

今天眼睛多雪亮

人是各有各理想

奔向目标不退让

用歌声

用欢笑

来博知音的赞赏

——《谁能明白我》

一直都很喜欢这首歌，它描述了一个敢于做梦、勇于圆梦的匹夫在努力开拓命运，打开一个新局面，不向环境低头的内心世界，可称之为“奋战江湖之情”。

我认为企业人在工作过程中如果有奋战江湖之情的话，那么明显是为企业动了真情。动真情才不计个人利害得失，才有发自内心的一股推动力。正因为这股力及这股劲，使得老板佩服，同事佩服，客户佩服。这股不计个人利害得失的劲，得到上司的信任、赏识，赢得同事认同，进而获得提升的机会。不计得失反而变成“只有得，而没有失”。

动情者才是一个真正投入的人。唯有投入才能感受环境，掌握环境，不断推动企业向前，鼓动风气，振奋人心。动情者会因为企业的生产力下降而着急；因为质量出问题而大声疾呼；因为同事做事懒散而提出警告；因为上司的决策不利于公司而再三劝告。

动情者会不断提建议，不惧怕困难，勇于尝试，勇于承担责任。动情者多，企业便有元气，便有韧力，便有斗志，此为兴旺之象。很多时候，企业行动的成败关键，不在于谋略分析，而在于能否锲而不舍地完成原订计划。这是一股劲、一股气、一股情的推动。

佛家的“一捧到底”，林语堂的“痴情人”，孟子笔下的“大丈夫”，都是动真情的人。现代企业的确需要多一些动真情的人，这样的企业才能在新世纪展现新姿。

2000 年 2 月 21 日

# “变”与“常”

故经之以五事，校之以计，而索其情：

一曰道，二曰天，三曰地，四曰将，五曰法。

——《孙子兵法》之始计篇

夫兵形象水，水之行，避高而趋下；兵之行，避实而击虚。水因地而制流；兵因敌而制胜。故兵无常势，水无常形，能因敌变化而取胜者，谓之神。

——《孙子兵法》之虚实篇

中国兵学鼻祖孙武在他的兵法巨著《孙子兵法》的第一篇的第一段中提出了五个兵法大原则——道（民心）、天（时机）、地（环境）、将（领袖）、法（制度）。另一方面，他又强调：水因地而制流，兵因敌而制胜。故水无常形，兵无常势，能因敌变化取胜者，谓之神。

前者提出五个不可不执着的原则，后者强调不执着的重要性。这前后是否矛盾呢？非也。因为前者是基本原理，亦是思考审查的依据，后者则着眼于外在形态及方法技能。换言之，行动之际当然要因应天时地势而灵活变化，但总要时刻留意己方人等是否上下一心，一切制度是否配合实际需要。

古今中外都有人研究《孙子兵法》。近几十年来，《孙子兵法》甚至被用在商业领域。

从战场到商场，时空不同，人类竞争的心理基础却不变，企业之存亡竞争与战场之生死搏斗无异。企业有它的大原则。所有人事之变动，一切制度之改变，设计、工艺之改动，都是为求确保这些大原则不变。所有变化都是以大原则为思考审度的依据。

如果新的建议（变动）经得起大原则的审度，建议应被采纳。人事、制度、资源必须时刻配合。我不断鼓励大家多提建议，边学边改，用意就在于此。

我很难相信一个努力改进、不断提建议的员工会长期被上司忽略。他迟早会被肯定。职位、工资、待遇之变化皆以企业原则为审度的依据。

中国有句话叫“万变不离其宗”，也就是说世事万变，但世事自有不变的内在规律。无论外在事物（市场、对手等）如何变化，内在事物（人事、制度、资源等）如何改变，企业注重的仍然是生产力、质量、服务，是为不变的规律——“常”。

2000 年 3 月 15 日

# 知　人

我诚无能，但有一能，知人善任尔。

——宋代名宰相吕蒙

知人善任，对于每个主管领导都是非常重要的。先要知人，才可善任。如何知人呢？这个问题的答案可以从晋商的历史案例中寻找。

纵观中国明清以来的商帮组织及营运状况，若论店规之严，首推晋商。山西票号的规模实已直追今天的大企业。票号之分行及联号遍布全国各大商埠。晋商曾经有近三百年的辉煌，执中国工商金融之牛耳。今天的大企业，三代连续辉煌的不多见。而当年的晋商十代延绵，气势宏大，很不简单。

晋商绵长长远的关键在于重视才德兼修的学徒制，换用今天的话讲就是在职训练，注重员工素质与企业文化的配合。票号经理的选用一丝不苟，店员、学徒的录用也非常慎重。晋商考验员工的方式包含志、敬、能、智、信、仁、节、则、色九个方面。“知人”方法大致如下：

一、看其远行办事，以观察其意志的坚定程度。

二、观察他与店内同事相交的态度，以判断其自重敬人的程度。

三、予以麻烦任务，以观其梳理事情的能力。

四、不时突发抽问，以观其应对急智。

五、观其处身紧急之中，会否为应急而马虎了事，轻忽言语信用。

六、把金钱交其管理，视其是否见财起贪。

七、将他放在逆境中，以察其守节程度。

八、日久见人心，任期三年，以观其自律操守。

九、将他派往繁华烟花地，以观其心性修养。

晋商票号老板及经理通过以上九法考核学徒，

了解员工。考核过关者品格成熟，再加多年工作磨炼，必定是律己、待人、处事皆成熟的商士。

温故而知新，晋商当年靠知人善任成就恢宏事业，如今企业实可以史为鉴。

2000 年 4 月 11 日

# 艰苦中磨炼

富家子弟等于温室长大的植物，无论是大树或其他植物，根部一定不壮。若再放纵他们一点，他们会一生辛苦，遇有什么打击，逆境很难面对。我虽然不是很有本事，但可以说我这棵小树是在风雨中长大，经得起考验。

——世界巨富李嘉诚

香港报章曾有这样一段介绍：云居山青年僧人养贤，在山上修行五年，准备到川康某地求戒。记者问他买了车票没有？他说步行去。他走的道路，

是当年红军长征之路，山长水远，又是单身上路，风餐露宿，艰险可想而知。记者请他保重，他说已求菩萨多施逆缘磨炼他。

读到此篇文章很感触。大家求神拜佛，都是自求多福，求发达，求平安，求健康，求中彩票，求生贵子，从来未听过有人求菩萨多降苦难磨炼自己的。

境界不同，心境完全不同。

试想一下，求事事顺利者，有几个人如愿？大部分是失望的。一遇挫折，怨天尤人，更是十之八九。如养贤法师这样求逆缘者，遇到风浪，欢喜迎接，反而立于不败之地。

最近两个月，事务缠身，多次往返欧美各地。在德国，朋友问我：你辛苦吗？我回答说：乐在其中。从商经验尚浅的我，已的确体会到：不经过辛苦的训练及跋涉，不能体会到跋涉后的喜悦。十多年前念大学时，读过王安博士的自传（王安是电脑界的先锋，20 世纪 80 年代曾是美国十大富豪之一），有一句话我当时不甚了解，但后来深信不疑：“人的信心及勇气恰恰是在严酷的、令人失意的情况下磨炼出来的，这是一种难以把握的品质，但它自有其内涵。”

无论是科学界的诺贝尔得奖者，或是体育界的奥林匹克冠军，抑或是商界的巨富，抑或是艺术界的高手，都是通过辛苦磨炼和顽强拼搏，才赢得了超越众生的光荣。翻查一下跨国公司英特尔（Intel）、IBM、Nokia 等的企业奋斗史，莫不如是。

哲学大师牟宗三在《五十自述》里有一句发人深省的话：“开始原也是糊涂的，后不久忽然眼睛亮了，事理也明白了。人总是须亲身在承当艰苦中磨炼。”

从未亲身在承当艰苦中磨炼的企业人，算不上是成熟的商士。优秀企业人必须具备的成熟心性、高雅品格、坚强意志、通达为人，都是通过艰苦磨炼得来的，绝没捷径。

“宝剑锋从磨砺出，梅花香自苦寒来”。

今天是佛诞日，还是求佛祖多施逆缘磨炼我们吧。

2000 年 5 月 11 日

注：农历四月初八是佛诞纪念日，佛祖于2054年前的今天诞生。

# 观念与心态

20 年前，在希腊举行了一个大型的国际会议，许多国际级学者、教授、知识分子与艺术家都纷纷发表了对世界发展的看法。会中，集诗人、数学家、工程师、宇宙学家于一身的著名学者 R.Buckminster Fuller 一开腔就问在座的人："谁看过日出？"很多人举手。Fuller 随即说："太阳不会出来，是地球在动啊！"大家立即恍然大悟。Fuller 这样说，不是捉弄大家，而是要大家不要以本身的位置思考问题，应以更加宏观的角度去思考问题。

当年看到此报道时，我的脑袋好似轰然一响，

顿开茅塞。要进步，唯有重整自己的心态，更新自己的观念。

企业人必须时刻检讨自己的心态及观念。我们的观念如何，我们的界定与判断亦是如何，则由此而来的行动也是相应如何。

观念非常重要。

试想一下，以君臣父子的观念看国家，自然皇帝便是天下，国家不可一日无君，自然不会想革命。随着民主观念的普及，国家被视为人民的国家，政府受民所托处事，自然就要求推翻皇室，还政于民。

“文化大革命”明显是观念出了大问题。一旦观念改变，改革接踵而来，从计划经济到市场经济，后劲无穷。

若要改观念，唯有广增见闻，开阔眼界。

除了观念外，正确心态也很重要。

20世纪70年代香港电影《半斤八两》里，许冠杰傲气地说“这个世界实在是欠我太多了，我将有一天要住洋房，坐奔驰……”他哥哥许冠文冷冷地说：“你来到这个世界时，连一条内裤都没有，这个世界欠你什么呢？”这里反映了两个人不同的心态，结果行动也各异。只在别人身上找原因，永远疲于奔命；在自己身上找原因，结果是不断自我完善。

在《三国演义》里，周瑜最后是被孔明气死的，原因是他心胸狭窄。如果周瑜反过来想想，牡丹虽好也要绿叶扶持，相信心情会好一些。其实，周瑜应该往深一层想想，他一生的贵人原来是孔明才对。如果没有孔明，周瑜的地位不过如此，顶多是一名智囊吧。周瑜看不开，活得很苦闷，整天将精力花在如何陷害孔明上。聪明用在偏门上，输是必然的。所谓“机关算尽太聪明，反误了卿卿性命”。

如果周瑜有正确的心态，他应该将眼光放远一些，放弃和孔明争风头，将竞争变成竞赛，目标是提高自己的能力，而不是超过孔明。战胜自己，超越自己，更有意义。

要树立正确的处事心态，靠的是自己，别人帮不了。正如唐三藏去西天取经，要靠自己走，经历九九八十一难，方得真经。这个过程连佛祖都帮不上忙，因为它是心路历程。

望英达企业人能时刻检讨自己的心态及观念。

2000 年 6 月 6 日

# 做生意就是面对现实解决问题

“James：‘Patrick，如果你不允许我将这批货延期，我会损失惨重，可能倒闭，你可否想法子帮帮我？’

“Patrick 听后难过得整个人呆住了。良久，他才哽咽着说：‘James，你是我最好的朋友，我永远都不会伤害你。但我向你买货的时候，你只是我的厂商，我向你买的是货品，不是困难。不，我不能帮你，这是你自己的问题。’

“坐在纽约机场的候机楼，James 没有想到回三藩市后怎样面对倒闭的问题，脑海中重复又重复地出现的只是Patrick跟他说的那番话。突然，James 终于明白了，马上打电话给 Patrick，‘Patrick，我明白了，那是我自己的问题，要自己面对，不应把它推给你，请原谅。’

“在回程的几个小时，James 一直陷入痛苦的深思中。他虽然怕倒闭，但他更害怕的是找不到错误的根源。”

以上是我在美国时，朋友 James 在介绍他经商的一段经验。每次谈话我都感觉到他切入的是问题的根，考虑现实状况，绝不做任何无谓的幻想。James 回想起解决问题的经历，连一点辛酸的感觉也没有。我想可能是因为那段艰苦的历程把他锻炼得坚强和超脱。James 在不屈不挠的奋斗中激发出来的自信及勇气，给了我很深的印象。

告别 James 时，我对他说：“很高兴看到你的生意做得那么好，祝福你更上一层楼。”James 说：“只要你在做生意时面对现实解决问题，你会做得比我更好。你还年轻，拥有更多的时间去体会。”感谢朋友的鼓励。

力不到，业不成。“做生意就是面对现实解决问题”这句话一直在我脑海里徘徊。要真正做

到“面对现实解决问题”就要“心到”“力到”。心到者，全心全意，时刻关注，事事上心，不唱高调，不做幻想。力到者，积极进取，实际行动。一项一项的工作加起来，便是成绩，便是事业。

经济立业如此，政治立德亦如此。

梁启超评价曾国藩：藩绝非天纵英才，但的确是一位面对现实解决问题的高人。他一生多次身处困境，却能在立德、立言、立功方面皆有所成。这难道不是面对现实解决问题的结果吗？

低头拉车，抬头看路，面对现实，解决问题。企业中人，继续赶路吧！

2000 年 7 月 12 日

# 全面质量管理

在高层管理的领导及参与下，通过全体员工上下一心、群策群力，以具竞争力的成本，提供高质素且不断改进的产品及服务，在客户中建立优质及物有所值的良好声誉。

——“全面质量管理”的定义

让我先简要地讲三则故事：

故事一：美国施乐公司（Xerox Corporation）自从 1959 年推出普通纸复印机后，便一直执世界复印机市场之牛耳。它从一家规模很小的公司

发展成为全世界最大的复印机生产商。可不幸的是在 20 世纪 70 年代，施乐公司遭到了日本公司的无情挑战，市场占有率从原来的 90% 下降到 30%，面临倒闭。在这黑暗的日子里，施乐公司经过反复思考，终于在 80 年代初决定推行全面质量管理，结果起死回生，恢复了在复印机市场的领导地位。1989 年，施乐公司荣获美国质量管理最高荣誉。

故事二：美国联邦快递公司（Federal Express）始创于 20 世纪 70 年代初。创业之初，十分艰难，多次面临倒闭的危机。然而，在最危急关头，公司通过突破传统的管理方式，积极推广全面质量管理，在服务水平上下功夫，终于赢得了客户的支持，不断地壮大起来。从 1987 年起，在短短的 5 年内，雇员人数由 1 万人增至 9 万人。它在全球有 1600 多个收发站，每天处理的快件超过 150 万件。现今的联邦快递公司是服务行业中推行全面质量管理的表率。1990 年获得了美国质量管理最高荣誉奖。

故事三：美国佛罗里达电力照明公司于 1981 年决定推行“激进彻底的文化改进”，解决成本与顾客投诉数字不断上升的问题。公司体会到应该改变自己，由电力供应公司转为服务顾客的公司，一切以满足顾客的需要和期望为前提。公司把品质纳入日常工作中，管理层组织各种小组推动品质管理，不仅解决手上明显的问题，而且持续改善。终于，公司于 1989 年成为首家赢得“戴明质量奖”的非日本公司。

近十数年来，越来越多的企业积极推广介绍全面质量管理（Total Quality Management，TQM）。从最早的品质控制（Quality Control，QC）的管理概念到今天的全面质量管理，已经过几个发展阶段，历时几十年。早于第二次世界大战之前，美国公司就推广品质控制的管理概念。但战后世界很多地方对美国产品均有大量需求，美国公司把重心从品质转变为数量，导致了 20 世纪 70 年代的企业管理危机，有的公司甚至在日本公司的挑战下关门大吉。

日本公司是如何在 20 世纪 80 年代把众多的美国公司杀下马的呢？原来，战后的日本非常萧条，百废待兴。日本的工业家们四处探索重建日本工业，扭转“日本货糟”恶誉的办法。当时的

美国品管大师戴明（Deming）应邀协助日本企业解决问题。戴明积极向日本的高、中、低层企业人宣讲其革新的管理方式。在戴明的推动下，日本人全力付诸实行，由上到下竭力实践品管的新理念。他们谈的不仅是品质控制，而是品质保证（Quality Assurance）及全面品质保证（Total Quality Assurance）。终于，“日本货糟”的恶誉被改变，日本货席卷全球，日本企业自20世纪70年代开始对欧美企业发起全面的挑战。

欧美企业为了应付日本企业的挑战，纷纷开展对日本品质管理的研究，同时检讨自己的制度。

20世纪80年代初期，日本企业对欧美企业的挑战进入白热化的阶段，商场的竞争热闹非常。受此激励，欧美企业发展出一套容易掌握并且行之有效的全面质量管理。由此可见，现今的全面质量管理是综合了欧美和日本的经验而发展出来的。

全面质量管理概念的基本观点有以下几点：

（1）品质是由顾客界定的；

（2）高层管理需要创造一套清晰的品质价值观，以及将其融入公司的日常操作中；

（3）卓越的品质是要通过设计及执行俱佳的

制度、过程达致的；

（4）不断地改进必须成为所有制度及过程的管理内容；

（5）缩短所有操作及程序所需的时间是品质改进的一个重要构成部分；

（6）操作及决策必须以事实及资料为根据；

（7）所有员工都要接受适当的训练及全面参与和品质有关的活动；

（8）提高设计的品质及加强次废品的预防是品质系统的重要部分；

（9）公司必须向供应商清楚说明品质的要求并与供应商携手合作改善品质。

以上九项是美国国家质量奖的基本观念。

很明显，以前的品管概念是假设知道顾客需要的，而全面质量管理更正面地突出顾客导向的重要性，要求更主动、更深刻地了解顾客现有及潜在的需要，运用不断改进的方式，务求能较竞争对手更能满足顾客的期望。

所以，企业要长命百岁，身壮力健，只有一个原则——不断探索顾客的表面及内在、现在及未来的需要，研究探讨更佳的满足需要的方法，

让顾客知道这是一家真正关心他们的企业。

要成功地推行全面质量管理，绝不是一件容易的事。品管宗师戴明博士有一句名言："I never said it's easy, I only said it works."（意译：我从未说这是容易的事，我只是说它肯定行得通。）要推广及执行此管理概念的确是知易行难，但它是现代企业的出路。值得注意的是，全面优质管理是一个旅程，并不是一个终点！

在此，我请每位英达企业中人准备起步，参加一个具有挑战又令人兴奋的旅途。

2000年8月13日

资料来源：

1. 全面质量管理，谢家驹著。

2. 品管大师戴明博士，Rafael Aguayo著。

3. 戴明的管理方法（The Deming management method），Mary Wolton著。

4. ISO 9000全面质量管理的基础，唐伟国著。

# 不断反省自身

失败不是成功之母，

反省才是成功之母。

人要体检，企业亦有此必要。

“定期检查，集体反省”是当今企业不可或缺的一环。英达管理论坛就是为此目的而举办的。

与会的二三十位英达管理人员表现不错，大家都能将过去的一些观察及体会清楚而有系统地表达出来。这次的论坛主要围绕着三个课题讨论，即小心聆听、仔细分析、不断改善。

大家都很清楚，小心聆听、仔细分析的能力确实是企业人的基本功，不断改善更是推动企业人进步的理念，但知易行难。那么，到底难在哪里呢?

我认为难就难在如何提高个人素质。

要真正做到小心聆听、仔细分析需要个人素质的配合。个人素质包括谦虚、礼貌、包容、意志、忍耐、团队精神等。

当我们明白世界之广大，个人之渺小，就会谦虚，就不会有骄、娇二气。当我们明白要让对方接受自己的意见，首先要让对方接受自己的行为，对人自然会礼貌。当我们意识到过去的事情连上帝也改变不了，重要的是将来如何，就会包容他人，处事坦然，而不会长戚戚了。当我们明白成功之前是极艰苦的，正如黎明来临之前天是黑的，自己的意志就会坚定，就不至于半途而废。当我们明白盲目行动会出乱子，意气用事会把事情搞得更糟，我们就懂忍耐（忍耐是强者的表现。弱者所做的不是忍耐，而是退缩）。当我们明白无论是社会、企业或家庭都不是自己一个人的，就会顾全大局，互相帮助，这就是团队精神。

素质高的人能不断反省自身，并且知道这是提高能力及创出好成绩的最根本原因。反省仅仅分析过去所做的工作对将来的影响是不够的，更重要的是看自己缺乏哪些素质，该克服哪些坏习惯。如此，才算是真正的省悟。

宋代大文学家苏轼，写了一篇分析汉代著名谋士张良成就的文章，叫作《留侯论》。苏轼盛赞张良是一位“猝然临之而不惊，无故加之而不怒”的人。张良做事安稳，谈笑用兵，有大局观，也有细心力，在任何环境都能做到小心聆听、仔细分析。在巨大的压力之下，他的定力仍能达到“泰山崩于前而色不变，黄河决于侧而神不惊”的地步。这种个人素质及修养，究竟是如何锤炼出来的呢？难道真是天才神授吗？

非也。当我们细心研究张良所走过的曲折路程之后，便会明白张良像我们一样，也是在犯错中汲取教训，不断反省，最终取得成就。失败了，不反省，只会屡战屡败。只有不断反省，才会下苦功夫去改造自己。大悟之后，自身素质得到了提高，成功也就是必然的。

历史名人如是，当今企业人也如此。

要在企业中找到自己的位置，脱颖而出，成为一位挥洒自如的企业管理人，需要的不仅仅是知识的积累和技术的掌握，更重要的是心性的成熟、品格的修养、意志的锻炼、为人的通达。

我深信企业管理并非一门高深莫测的学问，而是企业人本身个人素质的培养及发挥。

既然知道自己该具备些什么，坐言起行，再出发吧！

愿与大家共同努力，一起进步。

2000 年 9 月 20 日

# 教小孩学经济

自由买卖是个双赢之局。

世界上没有免费午餐。

——20世纪经济学泰斗米尔顿·弗里德曼（Milton Friedman）

假期，带侄子、侄女去书店买书。当我付钱时，向书店老板说了声“多谢”。五岁的侄女问：“你们大人买东西，付了钱为什么要说‘多谢’？”在小孩脑海里好像只有收钱的人才应说“多谢”。当时我随便对小孩解释说，这是礼貌。

说罢细想，这个行为不仅仅是礼貌那么简单，其中还有大道理。记得已故著名经济学家韦德（Lemond Read,1893–1983）曾经写过一篇论文《教小朋友学经济》。教成年人学经济本已吃力不讨好，教小朋友难度更高。不过他老人家还是有几板斧的，简单讲包括如下几点：

（1）要守信用。

（2）开了门，自己关。

（3）掉了东西，自己拾起。

（4）借了别人的东西要归还。

（5）己所不欲，勿施于人。

（6）买东西时要说“谢谢”。

以上六点老少咸宜，都是金科玉律。唯一需要花点时间解释的是“买东西时要说‘谢谢’”。

以买书为例，用一百元买本书，就算是没有刻意衡量，下意识总觉得阅读此书的好处及乐趣会超过一百元。得到价值超过一百元的东西，付了一百元后说声“谢谢”不是很应该吗？

同样，书店老板卖书给你，当然知道对他来说一百元的钞票比此书更有价值。既然有好处，他收你一百元说声“谢谢”，不也很应该吗？

如果小朋友明白这些道理，就能体会到自由买卖是双赢——卖家得益，买家也有利。促进自由买卖，也就是促进了社会的整体利益。这是市场经济的精华所在。

我将这些理论解释了给小孩听，小孩似懂非懂地点点头，继续看图书去了。我想如果明白自由买卖的双赢效果，他们迟早将会是市场经济的拥护者。

当然，尽管自由买卖是双赢的，但绝不是“免费午餐”，买卖双方都有所付出——书店老板交出一本书，买家要交出一百元。

经济学家韦德在回忆童年往事时说：“父亲是农民，自小便要一早起来耕田。当时我已体会到：要勤奋工作，才有饭吃。经济学的精要尽在其中，其余的都是枝节。”

2000 年 10 月 14 日

注：20 世纪 60 年代，经济学泰斗米尔顿•弗里德曼在一个学术的午餐会上发表讲话，说了一句“There is no such thing as a freel unch（世

界上没有免费午餐）”，以说明所有活动的回报都必须付出代价。后来，许多经济学家经常引用此话说明这个道理，从而成为一句经济学名言。

# “真实”与“虚假”

知之为知之，不知为不知，是知也。

——《论语》

念中学时，读了一则英国古老的寓言：

“一天，‘真实’和‘虚假’同往一条小溪洗澡。‘虚假’洗过澡后，首先走上岸来，把‘真实’的衣服穿在自己身上。过了一会儿，‘真实’也走上岸来。他见自己的衣服已经给‘虚假’穿走，只有‘虚假’的衣服还留在岸上。‘真实’不愿意穿‘虚假’的衣服，就赤裸裸一丝不挂地走开了。

从此，人们总觉得真实不太雅观，不愿去多看。”

这则寓言确实令读者赞叹不已，越读越有味道，可与咱们中华民族无与伦比的古老寓言“愚公移山”“朝三暮四”“两小儿辩日”等相提并论，各擅胜场。一则深刻又易懂的寓言确能开启灵智，使我们豁然开朗。有助于改善生活及工作态度。

我们确实是活在真假虚实变幻中。

这变幻是思想的变幻，不是物质的变幻。真实是实在的存在，虚假是人的思想创作。

为什么会有虚假的东西？因为弄虚作假的人没有实力。论实力，他胜不过你，便只好出“虚假”。为了赢，使“假”便是他的天公地道的事。

有些人经常不懂装懂，或一知半解扮专家。以为这样，别人会对他另眼相看，重视他，视他为权威。

还有些人为了表演聪明，就制造虚假现象，经常将简单的东西复杂化，以便向别人表示：你看我多么聪明，这么难的事我都办得到。如果做事是为了表演聪明，那么就会成为聪明的奴隶。

有些人一开始便不相信真实，不敢面对真实，就虚假做人，虚假工作。以为这样可以制造更多的讨价还价的筹码。他们得到的利益都不是建基于自己的实力。这样的人迟早完蛋，最终沦为只会做虚弄假的寄生虫。

有些人一开始便相信真实，但也同时相信虚假弄出来的“超然力量”。他们经常做假，在日常工作中不如实反映事实情况，同时刻意回避自己的错误。其实，一个人的勇气及真诚赢得上司的赏识、信任往往盖过他在业务上的过失所扣的分数。能清楚看出自己的过失及能明确地指出自己的错误，需要的是勇气；能如实反映事实真相，需要的是真诚。试想一下，哪有一个上司不喜欢既有勇气又真诚的下属呢？

还有些人为面子的问题、实力的问题、利益的问题，不敢面对真实。越不敢面对真实，就越弄虚作假；越弄虚作假，就越容易被识破。最终还是没有了面子，没有了利益。

相信真实便足够了。

每个人一生中或多或少都有虚假过的经验，但随着岁月的流逝，应该更少虚假，更多的是真实。人们在生活中磨炼，工作中学习，终于成熟了，明白了相信真实才会尝试改善境况，从尝试中进

步，从进步中升华。整天在弄虚作假，肯定心智还未成熟，还很幼稚。幼稚的人不适合做企业人。

企业人如能真实地反映问题，真实地面对问题，就能制造出真正为客户解决问题的产品——有生命力的产品。如此，企业才有生命力。

一切从相信真实开始，管它雅观不雅观，只要真实——连上帝也改变不了的事实，就勇敢面对。

孔子教导学生子路何谓“知”，说：“自己了解的事和不了解事要区别清楚，这才是真了解。”

“不知为不知”，确实值得企业人牢记。如实反映事实吧！

2000 年 11 月 19 日

# 宾主之间缘分一场

坏人总是干不出好事，所以好事不能交与坏人来干。由好人来做事，此事自会渐渐转好。渗进了坏人，此事便会渐渐变坏。历史上无骤兴，也无骤衰，其兴衰必以渐，而主要关键则在人。不识得人有好坏，便也不识得事有得失。

——历史学大师钱穆

相信企业的过来人对以上这番话必有共鸣。企业的兴衰与人的好坏分不开。好人多，便是兴旺之相；好人少，便是衰败之相。

看得明白，便能回答：“什么是做事的第一秘诀？”找好人为你做事，便是天下最简单、最好的管理方法。

但找好的人办事是天下最难的事，很多时候要靠福气及运气。此外，还要时机、缘分、环境和其他特别因素的配合。

在这些条件中，缘分似乎最重要。自己是贼，自然有贼同你共事。真诚的人自然找真诚人办事。这种配合便是缘分。

缘分是有依据的。最大的依据是共通的是非观——判断事物对错的方向。

是非观、价值观不同的人，对事物看法有歧见，难免多争闹，互相顶撞。这种关系不会持久，也就是没有缘分。

好的人，工作条件是一回事，看不看得起老板或公司亦很重要。好人一定有好多机会和选择，也一定有成就、有尊严，不会替看不起的公司打工，也不会替看不起的老板打工。

就算看不起老板，如果看得起公司，好人可能也不计较为公司效劳。如果只看得起老板，却看不起公司，很多人也就不会考虑为公司效劳了。

记得十年前研究生毕业后，我选择的第一份工作是为一家德国公司打工。另外一家美国公司开出的条件再好，我也不考虑。这是理性吗？不，缘分是非理性的。

缘分的另一个依据应该是老板的实力了。当老板飞黄腾达、呼风唤雨时，自然庭下无虚士，所谓大树底下好乘凉。一旦命运逆转，时不与我，那么很快便会变成门可罗雀，树倒猢狲散。但世事多变，如果老板再次叱咤风云，当年散去的人又可能再聚阶前。一切的来来去去，皆因宾主之缘。

我们不能完全控制时机、缘分、环境和待遇条件等，可以控制的是千方百计做个好老板，然后尽力找好人来办事。

既然是好老板配好员工，自然会互相尊重，珍惜宾主之缘。

2000 年 12 月 22 日

# 英达企业宏图宣言

企业市场定位：设计、制造、销售优质的公路养护设备，提供优质的公路养护服务。

企业价值观：付出是获得回报的唯一途径——世界上没有免费午餐。

企业使命：延长公路寿命，确保公路使用者安全、舒适、快捷。

企业远景目标：产品及服务遍及每条高等级公路及市政道路。

——英达企业之宏图宣言

世界上成功的企业都以拥有明确及个性鲜明的企业宏图为荣。宏图都不是在成功之后才有，而是在创业之初、从小到大的奋斗过程中逐渐清晰起来的。

宏图给企业人强烈的方向感、向心力，吸引着、鼓舞着企业人奋力向前。

宏图与梦想是有区别的。梦想大都是不能实现的，而宏图则有现实基础，达成不易，但可以实现，关键在于企业人的决心及毅力。

正在成长中的英达企业，确实需要有一个共同目标、价值、宗旨引导每个企业人前进。我在此简单又严肃地宣布，英达企业的目的是想让每个英达企业人在局势的掌握、意见的取舍、资源的运用、关键时刻的进退都能获得强大的指导。

英达企业宏图可以看作由四个部分组成：企业市场定位、企业价值观、企业使命、企业远景目标。

企业市场定位足以说明一个企业生产经营的业务，是企业宏图的基础。

英达企业的市场定位是提供公路养护设备及其相关公路养护服务。这是一个永恒的行业。

先让我们看看西方国家，举凡开发国家、促

进文明都重视建设道路系统，即建立贯通全国的交通网络，以便物资、人员及信息易于交流。

罗马帝国全盛期所建筑的道路系统，至今仍是欧洲的交通骨干。罗马能够由一个小村落发展为一个巨大帝国，与发达的道路网不可分割。有了道路，中央文化传播到边缘地区就方便得多了。有了道路的建设，道路养护行业也就应运而生了。

至于中国，自秦朝统一全国后，首要政策之一，是确立贯通全国的交通网络。有了贯通全国的交通网络和交通体系，才有中国由上而下的大一统秩序，以及经济及文化更快的发展。这也是现今中央政府力促交通网路建设的原因所在。

由此可见，公路养护行业是一个重要的行业。这一行业技术水平的提高，可以促进社会效益的提升。所以，我们作为公路养护行业的一分子倍感荣光。

第二点要谈的是企业价值观，它是企业文化的核心部分。企业价值观是企业经得起时间考验的信条，带领企业前进的原则。当市场发生变化时，企业可能要另寻出路实现企业价值观，但企业价值观是持久不变的！

英达企业价值观是“付出是获得回报的唯一

途径，世界上没有免费午餐”。这是我人生经历中形成的价值观，也是市场经济的精华。我将其引进英达企业，是想与对此价值观有共同认知的企业人一起共事，同时不断吸纳认同此价值观的新成员，壮大队伍，从而达到一些单靠个人力量无法达到的目标。这些目标就是企业的使命。

企业使命是企业存在的目的。英达企业使命是“延长公路寿命，确保公路使用者安全、舒适、快捷”。这表明了英达企业存在的合理性。英达企业提供了一些对社会有用、为社会所需的产品及服务。为社会带来增值，对社会做出了贡献。

企业使命有别于企业策略，前者是长期不变的，而后者是经常变动的。企业使命是企业的永恒追求，是一个方向，没有明确的终点界线。这一点是不同于企业远景目标的。

英达企业远景目标是我们在未来十年间希望能达到的目标，它有明确的终点界线——“产品及服务遍及每条高等级公路及市政道路”。不过，当界线被冲破，企业内外每个人都可以观察出来时，便会有新的更高目标出台，而且目标可以越定越高。



总的来说，我们已拥有一套完整的企业宏图，

包含了企业市场定位、企业价值观、企业使命、企业远景目标。换句话说，英达企业找到了四个问题的答案：第一，企业生产经营的业务是什么（即企业市场定位）；第二，企业生产经营的理念是什么（即企业价值观）；第三，企业存在的目的是什么（即企业使命）；第四，企业的长期目标是什么（即企业远景目标）。

然而，企业宏图是活在企业每个成员心中的，并不是活在我这篇文字宣言中。准确地说，一家企业是否拥有完整的企业宏图，要从企业的行为模式和员工的态度中找寻答案，由企业工作的氛围宣告的。

可以说，企业的业绩、员工的工作成绩及将能达至的目标并非预先存在其体内，更不是听宣告，而是体现在每日不断的行动中。

望英达企业人心中有一个鲜明的目标，以坚强的决心、无比的自信、坚忍的毅力向前迈进。

奋战江湖，总比呆滞一生好。

与大家共勉。

2001年1月19日

# 用霹雳手段，显菩萨心肠

何谓体？体就是本体，是安身立命的思想方法、世界观。何谓用？用就是在社会上应付各种矛盾冲突，实现理想的手段。

打败太平天国的清朝中兴名臣曾国藩，是近代史上极具影响的人物。他是个读书人，把书读通了，不仅成为近代中国伟大的军事家，同时又是儒家文化的精神偶像。

曾国藩是湖南湘乡人，当太平天国起事时组织当地子弟兵对抗太平军，后来发展为著名的湘

军。太平军攻陷南京后，清政府被迫启用曾国藩的湘军，才扭转局面，平定大局。

曾国藩当年给家人的书信被后人编集成书，名为《曾文正公家书》。在清末民初的整整半个世纪，此书几乎成为中国读书人的圣经。他本人则是实践儒家的修身、齐家、治国、平天下的典范，故此得到后人的推崇。近代史上的大人物毛泽东及蒋介石虽是对头，但都视曾国藩为师傅。毛泽东曾说过："愚于近人，独服曾文正。"

据后来的学者统计，曾国藩所带的湘军将领，有百分之六十是"书生"。身为湘军统帅的曾国藩是读书人，深研儒家文化，甚至是一代宗师。但在战场上，与太平天国血战多年，双方死伤无数。对此，我曾百思不得其解。

原来，曾国藩深明儒家所讲的"内圣外王"之道。意指：内在是圣人的道德，务求达到高尚的理想；但外在必须用尽方法获得胜利，有时甚至做一些不得不做的事。

中国历史上不乏这样的例子。例如，明朝抗倭名将戚继光、清朝抗英名将林则徐，都是一边打仗，一边读佛法经文。他们的本体都是佛家的大乘思想，但用的是战争的手段。

我辈凡夫在现今商海战场上，经常也要面对“体”与“用”的问题。当我们知道对手用低劣不可用的产品欺骗客户时，对付这种商场骗子，我的回答是：将他杀下马，绝不留情面。商业交易的本体是产品品质及服务必须物有所值。而本体的理想要得到实现，必须采取手段。如果稍微手软，商业交易的本体将会受损，损失的是用户，得利的是骗子。结果是市场的交易文化沦为欺骗文化。我深信这是大家都不能接受及忍受的。

为保住商业交易本体的完整性，将商场骗子杀下马实属必要。

曾国藩也经常为战争及屠杀感到忧苦。在他生日时，他的门生胡林翼将军送上一副对联——“用霹雳手段，显菩萨心肠”。曾国藩阅后，热泪盈眶。

此一故事，令我辈凡夫回味无穷。

2001 年 2 月 24 日

# “知识管理”——21世纪企业制胜之道

知识管理是一套管理理论、策略与系统，研究如何把企业所获取的知识资源，转化为有价值之资本，以不断增加竞争力，包括创新、速度及质量。

——知识管理之定义

21世纪是前所未有的全球化经济时代，也是前所未有的知识经济时代。随着全球化、电子化及网路化的发展，当今企业的竞争来自世界各地。企业的成功，取决于创新（Innovation）、速度

（Speed），以及质量（Quality、产品质量及服务质量）。

创新就是企业创造新知识与技术之能力，速度就是企业汲取应用及传播知识的效率，品质就是企业利用知识去提高产品及服务的效用。

在知识经济时代，不论个人、企业或国家，要想在经济上取得成功，都必须要掌握比过去更新、更广泛的知识和技术。这些知识及技术，本身不能保证成功，它必须要透过企业组织，把知识转化为具有市场价值的产品及服务。因此，“知识管理”（Knowledge Management）便成为全球企业管理的热门课题。

要了解“知识管理”，就要先明白何为“知识”。知识既抽象又具体，既主观又客观，是由思维和经验所产生的结果。知识可以分为两大类：理念知识（Tactics Knowledge）和数字化知识（Codified Knowledge）。理念知识是隐藏于人脑中的经验、灵感技能及创造力。而数字化知识则遍布于企业之中，包括文件、数据库、系统等。

企业成功之道，就是把理念知识及数字化知识结合起来，转化为创新、速度及质量。

大家都清楚，企业遍布数据（Data），但只有经过处理的数据才能形成信息。信息（Information）价值有限，除非透过人脑的过滤，成为有用的企业知识。当今企业管理的课题之一，就是及时更新企业知识储存，创造新的产品及服务，提高质量，降低成本，并以最快的速度推向市场，满足顾客的需要。提高企业的知识，管理层必须面对以下挑战：

（1）企业在创新、速度、质量及成本的竞争力如何？

（2）为了配合市场上的竞争优势，企业需要哪种知识与技能的投资？

（3）企业内部的知识是否足够去配合竞争？欠缺哪方面知识？

（4）如知识不足，如何获取？是否需要培训、外聘？

（5）企业内部的知识如何储存更新？是否需要建立新的系统？

（6）企业员工的个别知识系统与技能能否转化为整体的知识，以便创造市场价值？

迎接这些挑战，企业要做两件事。

第一，建立知识系统（Knowledge Management System），指的就是把知识的获取、整理、储存及应用等系统化，把个人知识转化为整体企业知识或部门知识，使之成为有价值的“知识资本”。这些知识系统的建立往往反映出管理者的管理模式、管理水平。在知识转化过程中，我们必须注意到有些员工往往把重要的知识存于自己的脑海中，不知道或不懂得表达出来，或不愿意表达，生怕将来的工作被取代。因此，管理者必须教育员工，系统的建立将有助于提高整体部门以至于整个企业的价值，公司的总体竞争力的提高对每个员工都有益处。我们需要在评价员工各方面表现时，更加重视几个专案，比如“文案记录”或“工作流程描述”的详尽清晰，数据及信息的准确和依据充分、系统化。根据其工作伙伴是否清楚其工作程序，判定员工有否履行知识管理的职责，对表现良好者给予肯定和实质的奖赏。建立知识系统，并实施知识管理，不仅仅是购买大量先进科技设备。归根到底，这涉及员工的工作习惯及方法。



第二，建立知识文化（Knowledge Culture），

即为企业建立一套不断学习的企业文化。不但从错误中学习（包括别人的错误），也可以从成功中学习（包括别人的成功）。我认为这种企业不仅是“学习型”的组织，而且应该称为“教与学型”的组织。

“教”与“学”是相对的概念，中国人说的“教学相长”是很有道理的。就好像我在这里写文章，间接帮助我把脑海里不甚清晰，只有自己才知道的观念和意象组织起来，然后用文字表达给读者看。而读者则透过对文字的理解和诠释，把意义抽取出来。在这个过程中，除了读者受益外，我自己也获益不少。

纵观世界，各大企业都念念不忘促进“教学相长”的制度和文化。例如，全球最大企业通用电气（General Electric）的行政总裁 Jack Welch 以身试法，在自办的企业大学内任导师，大力宣扬公司文化及管理方法。英特尔（Intel）的行政总裁 Andy Grove、台湾科技龙头企业 Acer 的行政总裁施振荣等企管人都有教授大学生的经验。在讲求知识就是企业竞争力主要元素的今天，“教学相长”更应该得到企业重视。

知识管理最重要的贡献是把“整体”“教学”“错误”“知识”“诚信”“创新”和“管理”等概念与企业价值（Net Worth）和竞争力结合起来看。“整体”是指从多个角度去看问题，避免用“山头主义”的态度处事，以为不是自己部门的事就不关心。这种怕吃亏、怕负责任的心理使员工做事不愿全力以赴，丧失承担精神。更甚的是推卸责任，或把过错隐藏起来。当每一个局部的单元只从自己的利益出发而不理会整体安危，导致公司出现问题时，个人可以幸免吗？如果员工能从错误中汲取教训，那么“错误”便能产生积极的意义，成为员工个人学习路途上的宝贵经验。

大家往往认为“错误”的代价就只是经济损失，经常看不见怕负责任，其实不敢承担责任会导致更大的“错误”。因循苟且和保守落伍是目前讲求全球化、速度化的商业战场的大忌，因为商机不会留给没有勇气改变工作习惯及方法的人。知识管理包括解决失败教训在内的知识传播问题。

总之，“知识管理”的目的就是要制订策略及目标，把不同种类的知识系统化，为企业不断

地创造价值。它需要企业人素质的配合。

在剧烈变化的21世纪，企业想迅速壮大，必须通过知识管理进行自我革新。

2001年3月29日

# 喜怒哀乐

天下事虽万变，吾所以应之，不出乎喜怒哀乐四者。此为学之要，而为政亦在其中矣。

——王阳明《与王纯甫书》

历史名人王阳明以文官带兵，屡建奇功，集学问、事功、修养于一身。王阳明的生命重心可简化为“知行合一，事上用功”，其主旨不外乎诚意正心修身。

古人文官带兵实与今天企业管理人士本质相同。王阳明归纳应对生活及工作为喜怒哀乐四者，

也属企管人之心声。

《吕氏春秋》中有云：“喜之以验其守，乐之以验其僻，怒之以验其节……哀之以验其人。”

人于高兴之时，容易乐极忘形。若能于兴高采烈之际仍能有所节制，可见其操守之功。

发怒之时，易失去理性平衡，情绪难以控制。倘能有所怒而不失节度，实属大人也。

悲哀消沉之际，如果仍能继续生活，继续工作，不为伤痛所击倒，实可见其人格之力量。不因受伤而自暴自弃，不因痛楚而愤世嫉俗，方可坦然面对生活。

乐者，意指取向，也包括癖好所在。通过个人癖好，可见为人大概。

喜怒哀乐皆感情的表达方式，感情心性之处理，反映人的情怀、情操、灵魂。

记得有位哲人说过：生活行动的动力，实生之于感情多于知性。而智慧之洞悉及突破，亦多由心性而生，理性似只为辅助。

心性修养，有别于只讲求分析研究的纯科学。现代企管人若感性无出路，感情表达处理不当，即使是纯科学高手，亦会被拖垮，引致内心枯干。

面对变化万千的商业社会，企管人只要内心不乱，便能处变不惊，处忙不乱。

企管人的处变能力仍在乎内心世界之秩序，亦即心性之修养。

2001 年 4 月 28 日

# 说明力

一句话说得合时，好像金苹果跌在银网上。

——《圣经》

21 世纪成功企业的领导或主管必须具备的素质包括毅力、礼貌、谦虚、包容、忠诚、团队精神等。反过来说，具备这些素质的人不一定能当领导，但会得到他人尊重和爱戴。

想当领导，还应具备什么条件呢?

当领导的大任在于说明。

一个领导是一个“说明”的人。

他说明前景，说明现状，也说明过去。

他说明为什么这样做，而为什么不那样做。

他说明为什么改变，也说明为什么不改变。

他说明哭笑的因由，也说明愤怒的缘由。

他说明企业生存的意义，也说明经营的意义。

透过领导的话语或文字，大家可以明白意义之所在，亦因此做得有意义，挨得有意义。

只要有意义，便有动力，便有毅力，不能支持下去的也能支持下去，不愿着手做的事也能够着手去干。

正因能够说明意义，获得他人认同接受，让他人自愿跟从，便有机会做领导。

然而，说明的力量有强弱之别，有清晰明辨或纠缠不清之分。

说明力取决于三个方面：

一是表达是否有系统性。

当我们运用语言或文字表达时，很多时候因用字不慎而词不达意，不要说思想方法，就是连描述自己的观念和感受已殊不容易。正因为如此，我们更应该多做一些工作，把事情的经过一一描述明白。懂得说并非指口

才，而是清楚地把事情的过程说明白。

二是是否抓住问题的根。

企业管理问题千丝万缕。当问题背后最重要的因由抓不到时，无论事情的经过描述得多仔细，还是平淡无奇，无法让人认同，无法让人跟从。因此，既要说出其然，还要道出其所以然。

许多企业界老手，经过风雨，累积了一些经验，处事反应恰当，但因为无法抓住问题的根，不能说出其所以然，也就无法让同事们跟从，无法反思整理、改善更新或引发创意。他的反应只是一种重复又重复的自然反应而已，没有说明意义的力量。

三是推理是否符合逻辑。

逻辑方法是放之四海而皆准的，没有性别、种族、年龄之分。如果说明的内容符合逻辑，就不会纠缠不清、真假混淆，更不会颠倒黑白。立于不败的说明内容，皆因符合逻辑。

表达清晰，则容易与人沟通。抓住问题的根，则能迅速切中要害，稳定局面。符合逻辑的推理，才能立于不败。

文字及逻辑方法的掌握，亦等于思考、组织

及表达能力的掌握。只有透过文字及逻辑方法才能有效地汲取知识，才能增强自己的说明力。

一个真正的企业领导或主管，必须是一个能向他人描述大局、界定情况、诠释意义的说明者。

2001年5月30日

# 不跟进的管理人是废物

管理纯粹是一种运用知识的过程。这个过程是利用人的知识及能力解决工作上的问题。管理的力量就是知识的力量。

不过，就算你有高深的学问、过人的本领，对管理的方法和策略无所不通，但在管理上若缺乏跟进，你也只是一个一无是处的管理人。

没有跟进，就不能及时发现问题，及时纠正；没有跟进，就没有沟通的渠道，也就丧失了利用知识资源的机会。所有的知识资源及能力都要透过沟通才能发挥效用。

在工作中，我们要不断跟进了解进程，带动员工在思想及知识上不断交流，逐渐清除可能存在的偏见及误解，使每一个人的见解和看法更接近、更配合。这样人才和知识资源才能更集中地朝向同一方向，令管理发挥更大的效能。

管理人员对工作的跟进，是上司与下属的重要沟通渠道。在工作方向和程序等大前提确定下来后，就要马上跟进，这是上下级建立密切关系的唯一基础。

不称职的管理人员懒得跟进，不称职的下属害怕上司追问工作进展情况。

要知道跟进的过程，会加深我们对工作进度的了解，让主管的目标成为下属追求的目标，使工作进展变得圆满及顺利。

我们无法预测工作中实际环境的转变，不跟进就不能了解下属所需要的支持，也无法知道最新的工作情况。上司跟进下属的工作不能仅仅理解为来自上级的压力，也是对下属的辅助和支援，使下属更有信心去应付工作上的困难。

跟进就是沟通，沟通是管理的一大范畴。所以说，没有跟进的管理不是管理，没有跟进的管

理人只是一无是处的废物。

离开此岸，才能去到彼岸，哥伦布发现新大陆也不过如此，“做”吧。

2001年6月30日

# 创　业

Observation, Desire, Drive, Persistence, plus a little Reflection lead to Innovation and Success.

具备观察力、求知欲、推动力、百折不挠的精神，再加上少许反思，足以引领我们踏上创新成功路。

——香港中文大学前校长高锟教授

创业便是创造自己的事业。狭义的创业是指自立门户，白手兴家，自己当老板建立一盘生意。广义的创业应该是包括一个人大半生专注某一工作。

换言之，打工也是创业，只要是心血倾注于其中。无论是研究、设计、销售、写作、演艺，还是焊接、烹饪、油漆等，只要投入其中，必有所成，所谓“行行出状元”。因此，探讨创业便不应只着眼于狭义的自立门户当老板，而应从心血的倾注程度界定。

如果硬要将老板与打工者区别开来，于我所见只是风险程度之别。

从质的角度来看，两者皆是付上心血的代价，风险便是白费心机，都须要承受挫折感。

从量的角度来看，打工者失败了，苦果自食；老板失败了，影响各环节，全军陷入风险之中。当然，老板成功了，所得名利大于打工者，这正是当老板的一个吸引人的地方。至于最终的利益如何重新再分配，那是另一个课题了。

不少企业中人视打工仅仅是用劳力交换金钱。这样肯定无法激发创业精神，在工作的岗位上难以大展宏图。况且如果认为创业非当老板不可，一旦环境不许可自立门户，便容易产生怀才不遇的负面情绪。相反视打工亦为创业之途，便能立定志向，大展所长，提高工作能力，不断升迁，事业有成，生命亦充实。

无论是当老板还是打工，创造一番事业，便是创业者的自我体现。创业关乎一个人的朝夕努力，身体力行，眼到、口到、心到、手到，在一个又一个的时空中让事情发生。西方人说："Make things happen"，指的就是这种创业精神。

以高锟教授为例，他年轻时任职于国际电话电报公司研究员，以倾心专注、百折不挠的精神，终于发明了以光纤作为电信的媒体，巩固了事业基础，奠定了学术地位，对通信科技做出巨大贡献。被誉为"光纤之父"。

假如是油漆技工，能倾尽心血投入做好每一道油漆工序，不断交流，汲取他人精粹，总结经验教训，同样可以创出"油漆专家"的事业。

多年前，在达成几项艰巨的交易后，我有感而发，在笔记簿上写下了以下一段文字：

事业是艺术的表现，
是智慧的发挥，
是毅力的考验。
只要有充分的准备，

有无穷的斗志，

有正确的意识，

就会成功。

但事业上的最大报酬不是站在山顶，

而是沿途攀登的乐趣。

不错，创业确实与攀登高山、异域探险无异。若能全神贯注，必将从中得到无穷乐趣。但若创业者内心浮躁，心存侥幸，在工作的过程中总想一口吃成个胖子，那将大错特错，甚至会导致事业失败。

事实上，创业都是极其艰苦、磨砺人意志和思想的工作，没有一定知识及经验的积累和眼光、决心是难以坚持的。

2001 年 7 月 31 日

# 认清形势

朋友说在股票市场输了很多钱，我说“因为你没有认清大势”。股市有牛市、熊市之分，不可不辨。

牛市、熊市概念最早来自 1896 年查尔斯·亨利·道（Charles Henry Dow，1851—1902）发表的十二篇谈及道琼斯工业指数的文章，可以说已经有百年历史了。

道氏认为，股市每天升降不仅反映当天股价，而且受中期（secondary）及长期（primary）方向影响，情况一如大海中的涟漪、海浪及潮汐。

我们抛一块石头入海，可产生涟漪，却不能够产生海浪；海风吹起海面，可产生海浪，却不能产生潮汐；只有太阳同月亮的吸力，才能产生潮汐涨退。

股票每天升跌对长期投资不重要，同时也不可预测；至于中期投资，通常维持六个星期或以上，有一定的可预测性，但出错率仍相当高；最可靠、最能预测就是潮汐涨退，通常维持九个月至四年。作为投资者要认清潮汐涨退，即股市的长期方向（牛市或熊市）。熊市中的上升只是暂时的反弹，改变不了下跌的大势；牛市中的下降只是暂时的回吐，改变不了上升的大势。

朋友说最近外面有竞争者说你的坏话、诽谤你,我说“正常嘛,证明英达公司越来越有实力了”。

正如美国一直想压中国，恰恰证明中国开始强大起来。有的是一压就垮，有的是愈压愈虎虎生威，愈压愈跳得高，端看你是什么“料子”。

忘记了是哪个名人说过：“该起的压不住，能压住的本来就不该起。”

这个“起”，可以解释为突破、上升、成功、强大。不要迷信诽谤、欺骗、打压之类，这些对弱者才有效。对强者来说，对手的恶意正是动力。国家如是，企业、个人也如是。

企业发展不取决于个别项目的输赢，而在于企业所提供的产品及服务能实实在在地解决用户的问题，为用户带来利益。

高品质、高价值的产品，自然会越来越为用户所认同，市场占有率就会越来越高。以股市的术语来形容，这就是生意的“牛市”。牛市中当然不应计较个别项目的得失。

低品质、无价值的劣品，无法提供任何价值给用户，最终会被市场淘汰出局。这就是生意的“熊市”。

企业的势，是由内而外的，内部的力量（产品及服务品质）提高了，自然外在的势就会显露出来。企业不是靠关系生存的，关系只是商场的敲门砖。这是大势所趋，也是一个国家渐渐强大起来的基本因素。

认清了形势，就不难明白过去、现在及将来中国经济的发展及其规律。故此，任何人、企业、国家应以健全内部为首要，其他的会水到渠成。

2001 年 8 月 31 日

# 青蛙与蝎子的故事

有德有才者春风得意，有德少才者贵人相助，少德多才者怀才不遇，少德少才者平庸无为。

——《人才学》

在香港有这样一个家喻户晓的故事：

“蝎子要求青蛙将其托送过河，青蛙表示：“我送你过河，你螯我怎么办？”蝎子回答说：“我如果螫你，我们俩就会同时淹死，所以我不会螫你。”青蛙被蝎子讲的逻辑所折服，放心地托起蝎子过河。岂料渡至河中心，蝎子仍然螫了青蛙。青蛙下沉之前责问蝎子，蝎子回答说：“我没有办法，此乃我之本性。”

虽然这是一则悲惨的寓言故事，结局是两者皆落水而亡，但其奥妙则是它的悲剧意义。我们可以责怪青蛙，如果当初不轻信蝎子的话，拒绝背负蝎子过河，就不会溺水而死。然而，蝎子的逻辑是那么有说服力，是那么的“理性”。

蝎子懂得用生命说服青蛙背负它过河。然而，它本性不善，会置生命于不顾而螫青蛙，实属有才无德。

近来阅读一些企业用人个案，使我想起此则寓言，辗转思之，愈发觉得其义深远。

世界最大企业——通用电气公司总裁韦尔奇在与英特尔总裁葛罗夫讨论如何用人时，韦尔奇特别指出有能力、缺少文化亲和度（品德）的人绝不可用。因为无德无才的人不可怕，唯独无德有才的人才最有迷惑力或破坏力。许多企业失败都与错用这种人有关。韦尔奇强烈主张：“对于此种人，见一个‘杀’一个，见十个‘杀’十个，绝不留情。”

缺少文化亲和度的人，企业要他干啥呢?

世界上的精英企业，是用“刀”雕刻出来的。

2001年9月30日

# 中国加入世贸组织

……我们对社会未来发展的方向可以作出科学上的预见，但未来的事情具体如何发展，应该由未来的实践去回答。我们要坚持正确的前进方向，但不可能也不必要去对遥远的未来作具体的设想和描绘。以往的经验教训已充分说明，这样做很容易陷入不切实际的空想。……

——江泽民在中国共产党成立80周年大会上的讲话



加入世界贸易组织（World Trade Organization,

简称 WTO）是中国经济与世界经济竞争，融入经济全球化、市场化、网路化的必需选择，也是中国历史发展的大趋势。

加入世贸是中国的改革和发展的分水岭，标志着进入一个全方位、多层次、宽领域的对外开放新阶段，将在更大范围内和更深程度上参与经济全球化的进程，与 WTO 成员各国市场经济的主流体接轨。中国已明确表态，信守承诺，遵守世贸组织的“游戏规则”。开放的中国将迎接一次大规模的东西方经济、文化交流。

说起来，加入世贸可算是第四次中外交流的延续。让我们先回顾一下历史。

中国文化最早和域外交流是在汉唐。远在公元 100 年，已有罗马帝国的商团来到汉朝都城长安。从那时起，中国从中亚、西亚学到许多东西。当然中国也向这些地区输出很多东西。在文化方面，东汉时佛教传入中国，应该是对中国文化影响最深远的一次文化交融。中国人并没有照单全收，而是对佛教充分地加以消化，把中国固有的哲学融入其中，使佛教成为“中国的佛教”。

唐代，外国人来华之风更盛，而广州成为重

要的商港。外商自广州出发，取道梅岭入江西，集中在南昌，再经钱塘江入江苏，汇集于扬州，复经运河入洛阳，最后到达长安。当时的长安外商云集，仅波斯人的珠宝店已占了一条街。

第二次中外交流发生在 16 世纪末 17 世纪初，即明朝末年。那时，西方已经经过文艺复兴的洗礼，一些天主教、基督教的教士纷纷东来。第一个来华的教士是利玛窦（Matteo Ricci）。他不仅带来天主教思想，而且为争取中国知识分子的信任，还把西方的古典哲学、逻辑学、美术、音乐、自然科学等也带到中国。这次的交流持续了一百多年，直至清朝的康熙时期。康熙本人对西方文化（包括天文学、几何学等）都很感兴趣。后来由于天主教不许信教的中国老百姓拜祖先，引起强烈的反响，交流就中断了。

第三次重大的中西交流，是在与前两次不同背景下发生的，那是 19 世纪中叶鸦片战争后，特别是 19 世纪末叶甲午战争后。这一次，欧美的经济、文化要比中国强势得多，我们主要是输入。欧美文化输入之后，有的消化了，有些没有消化。总的来看，第三次中西交流中西方占尽上风。

第四次中西交流始于1978年，中国改革开放，由计划经济逐步地过渡到市场经济。二十年来的发展，有起有跌，中国经济的基础比以前强大得多，足以迎接加入世贸的任何挑战。

加入世贸是改革开放的延续，可说是更加彻底的开放。世界将开始一个新的历程。历史是如此的戏剧化，一百年前封闭的中国在西方国家军队的炮火下签署丧权辱国的条约；今天，开放的中国通过入世向世界发出经济“战书”。

经济、文化交融可做到“你中有我，我中有你”。经济、文化可以互相融汇而共用。

中方手上拥有市场、创新、人力资源，西方手上拥有操控、管理架构、硬件成果。中国加入WTO后，双方谁能先拔头筹呢?

全方位、多层次、宽领域的交流场面肯定是热闹、精彩并且刺激的。

2001年10月29日

# “九一一”惨剧的启示

“九一一”惨剧发生后的一个月，因美国业务发展的需要，我在纽约市停留了一段时间。期间，与纽约运输部部长 Mr.Anthony Fasulo 及其首席技术主任 Mr.Buston Most 就我们公司研发的大型现场热再生技术进行了深入的交流。十分感谢 Mr.Fasulo 的大力支持。

谈话间，免不了提及 9 月 11 日当天发生的惨剧。因为运输部大楼距离世界贸易中心只有几百米，通过 Mr.Fasulo 办公室的窗口可以清楚看到事发过程。Mr.Fasulo 说，事发后有些人是往大厦的顶层方向跑的。

当时在贸易中心第二座大厦的人，眼看第一座大厦被飞机撞击后，有三种反应：一是坐在原位，什么都不做，因为飞机只是撞向第一座大厦，与己无关；二是眼看对面大厦被撞，认为应做点事逃避灾难，鉴于自己处于太高位置，平时火警演习中习惯走上顶楼平台等候直升机来救，因此往上走，结果方向错误，代价十分悲惨；三是眼看对面大厦被撞，为逃避灾难往下走，结果成为逃过大难的侥幸者。

亚洲金融风暴发生后，香港的房屋价格大幅下跌，香港人的心态正如世界贸易中心第二座大厦的人。有些人仍坐在原位，不采取任何行动，四年半后变成负资产一族；有些人认为楼价下跌的幅度已不小，于1998年开始入市买进房产，结果选错方向，付出惨痛代价；只有及时卖出房产者成为侥幸的一群，但为数不多。

最近与朋友谈及中国加入WTO后的形势，认为还有很多企业仍坐在原位“等运到”（粤语）。我担心这些企业迟早被历史洪流吞噬。有些企业行动起来，选择发展自己不熟悉的生意，终因方向错误而失败。只有那些既愿意行动，又认清方向者，才在中国加入 WTO 中壮大，成为未来的成功企业。正确的方向不外乎是加强企业本身的组织能力和经营管理能力。

还是老生常谈的话：若要不战而胜，先要自立不败；若要自立不败，则须固本培元。

2001 年 11 月 30 日

# 用钱见心思

忍耐怒中气，

慎防顺口言，

留心忙里错，

爱惜有时钱。

以上是刚创业时，前辈送给我的隽言。经商多年，感触良多。

现今社会，绝大多数人手上多少有了一些钱。手上有钱了，便等于有承担、有责任。手上的钱越多，承担的责任就越大。如何把手上的钱用得其所，用得其法，用得心安理得，可不是一件易事。不论手上的钱有多少、来自何方、得自何法、属何性质，不能善用，便是罪过，便是马虎。

手上有钱不用也不行。不运用便是浪费——浪费了机会，浪费了时间，浪费了精神，更浪费了该笔资金的潜在价值，也间接影响了可能受益的地方。

既然如此，有钱在手上便应该仔细思量一下用钱之道。在我看来，用钱须同时符合两个要求：第一是意义，第二是实效。

先谈意义。从宏观角度来看，从生命的意义来看，用钱制造价值的确是一件好事。不但能为他人、为群体创造出有价值的产品及服务，而且让出钱者觉得活得有意思。例如，投资企业，提供优质产品和服务，为用户解决问题；买一件母亲喜欢的东西送给她，尽到孝道；等等。

从创造生命价值的角度衡量，亦能够体会行动的意义，即透过用钱丰富自己，体现自己生命的价值。

另外，用钱讲实效、讲回报。存钱在银行生息是比较原始及较低层次的用钱之道。较高层一点，应考虑把钱用在不断增值的地方。例如，买股票、投资具有发展前景的企业或项目。这样做有风险，需要知识、眼光和勇气。

金钱既是价值的度量衡，又是创造价值的原料。由无变有，由少到多，是不断努力、不断付出、不断反省的成果。

钱少时，心理上没有多大负担，赚不了大钱也不是大不了的事。然而，当钱多一点时，用钱却不轻松了，不但要用好，而且运用的意义及实效要最大化。

以钱生值，换来较大的收益后，自然产生名利。追求名利本不是坏事，关键在于行动过程中的意义及贡献。

自问是红尘中人、凡夫俗子，我对追求名利从不回避。偶然也会看看佛经，参拜佛庙，萌起对名山宝刹瞻仰之意，求在名利之外还有一个明净的境界。虽不可完全启及，但亦心向往之。

“本来无一物，何处惹尘埃。”此言听就听得多了，开始有点感触还是近年的事。看到有些有前辈不致沦为市侩功利之徒，确实值得我辈凡夫深思。

2001年12月30日

# 《胡雪岩》读后感
## ——实力为主，关系为辅

*君子爱财，取之有道。*

这是在中国流传了几千年的一句古语。只要得之于有道，君子也不会以爱财为耻。当你了解了胡雪岩的一生，就知这位爱财君子，确实取财有道。

社会上流行一句话："为政要看《曾国藩》，经商要读《胡雪岩》"，充分反映了胡雪岩在商人心目中的地位。



我也被这位19世纪下半叶中国商界的叱咤风

云人物所吸引。

胡氏生逢乱世，借助权贵、政要之势，营造了亿万贯家财。在太平天国时，他纳粟助赈，为清政府效犬马之劳。洋务运动兴起后，他延请洋匠，引进设备，颇有功绩。左宗棠西征时，他筹粮械，借洋款，功劳不小。几经周折，他终于从一个钱庄的小伙计变为显赫一时的“红顶商人”。

许多人希望通过对胡雪岩的解读，得到一些启示。例如从起家、时代、机遇、用人、为人、处世、人际关系、势力拓展、营销、形象、谋略、眼光、爱国报国等诸多方面解释胡雪岩，并力图从中归纳一些经营理念及为人处世之道。但是，大多数人都集中精力放在学习胡雪岩拉关系、推销、借势上了。依我所见，胡氏之所以能成为富甲天下的商人，是因为他的诚信。胡氏在与人谈生意时，也常常把“君子爱财，取之有道”挂在嘴边。

何为经营的正道？就是卖家努力提高所提供的产品及服务的质量，让买家得利，解决买家的问题，令买家觉得交易物有所值。

这种为买家实实在在解决问题的基本经营理念使得胡氏建立了商誉，树立了品牌，生意自然也就越做越大。因此，产品及服务质量才是业务拓展的基础，关系只是一块敲门砖而已。

在21世纪的今天，还有人迷信关系是万能的。当然关系是有帮助，但不是胜负关键之所在。放眼全国，大多数经商人士都与政界有一些关系。至于海外人士或留学外国的中国人，想必也有一些关系。但却不见得每个有关系的人都办得成事业。

最关键、更重要的不是关系，而是本身的实力。所谓实力，指的是产品及服务的质量，也就是企业的经营管理力。说得坦白一点，如果你所提供的产品及服务是对方所渴望得到的，生意必定“有得谈”。

套交情、请吃饭、拉关系只是附带条件，若纯靠此类面上工夫，注定失败。请谨记一点，全世界“做官的”都怕背黑锅。只要是言必信、行必果，实事求是，“做官的”必定乐于帮忙。

商海中游戏规则从“关系为主，实力为辅”到“实力为主，关系为辅”的改变，证明了中国社会的文明进步。但愿每位商海中人士都能出点力。

2002年1月31日

# 有生命的公司必须不断变革

哈佛大学阿瑞·盖斯教授在不同的演讲场合经常会问："如果我们把公司看成是一个有生命的事物而非挣钱的机器，结果会如何？"

盖斯教授认为公司是有生命的。这种看法似乎显得有些激进，其实历史相当悠久。

中国古代汉字中就出现"生意"两字，指"生命"和"意义"。

"生意（Business）"一词最早在瑞典语中是 Narings liv，意思是"生命的营养"。

把公司看作是有生命的事物，意味着它会发

展，有自身的特性、人格、目标、自主行为能力，可以重塑自己。

在工业时代，经常把公司比喻成机器。在当今的信息时代，把公司比喻成“有生命的事物”应该更为贴切。

有了生命，才能不断反思、不断变革，才能跟得上时代的步伐，这就是生命的发展。信息时代追求的是速度和质量。因此，不断变革以适应时代的变化是有生命的公司的生存之道。

有生命的公司里的每个细胞（即每位企业人）都应该反思，坦率真诚对话，对旧的观念提出质疑，学会放弃旧的思想，学会改变工作模式。

在传统的工作模式中，常有人极力去维持一种表面和谐的关系，所谓“切莫惹是生非”。而事实上在大多数工作环境中，平静只是一种表面现象，只是潜在的问题还没有暴露出来。例如，通常在开会的时候，有些参会人员经常一言不发，而到了散会后在一起喝茶聊天时才道出自己的真实感受。这种“和谐”对于深化变革是很危险的，妨碍了创新。随着市场环境的不断变化，企业人要敢于面对市场的挑战，提出新的思路。为了不

让市场说“不”，必须不断创新。这就是变革。

另外一种要改变的是“各扫门前雪”的态度。这是一种不进行交流，也不愿意公开交流的心态。“闭塞”的思维方式掩盖着过去的失误。然而，有的失误还会继续引起新的问题。私下里议论问题，却不去解决，时间一长丧失信心，认为一切是不能改变的，最终导致放弃努力。如果企业大力推行变革，这类人便会坐立不安。

关于变革、改变工作模式，每位企业人的感觉并不相同。对于某些人来说，算不上是什么威胁，因为他们一直希望能够直言不讳，希望企业能不断提高效益，自然也就没有什么恐惧感。但对于另一些人来说，就甚感忧心忡忡。他们喜欢那种传统的工作模式，担心敞开心扉与人交流会暴露自己的弱点，担心犯错误，担心显得无知。要消除这些忧虑，必须意识到：隐瞒只能一时，不能长久。坦诚地把心里话说出来，乐于与人交流，乐于接受批评，才是装备自己、提升自己的最佳途径。

最近英国伦敦商学院对一些有几百年历史的“百年老店”做了一份研究报告，总结出这类公司的成功之道，即：变革力、凝聚力、忍耐力及节俭。

变革力是最至关重要的一种企业生命特色。社会在变，市场在变，企业就不能不变。若想企业长命百岁，不断变革是必然的。

纠正了工作模式及工作心态，企业生命自能蓬勃发展。

2002年2月27日

# 笑话数则，自我调侃

To measure people's intelligent is to measure their sense of humour.（大意是：幽默感是衡量一个民族智慧的标准。）

这是十三年前一位印度藉的同学告诉我的一句话。后来，在不同场合、不同国家也听到过类似的说法，并对此越来越认同。

约七十年前，英国大哲学家罗素（Frank Russell）在中国住了一段时间。期间他有这样的一个结论：最文明的中国人是世界上最文明的人。他判断的依据是觉得最幽默的中国人是世界上最幽默的人。大师认为文明与幽默呈正比关系。

20 世纪最伟大的科学家爱因斯坦，不但智商超人，同时也非常幽默。有一次记者问他，相对论到底是什么？他说，正如你和你的女朋友谈了一个小时，感觉好像才谈了五分钟；你跟你的未来岳母谈了五分钟，就好像一个小时——这就是相对论。

爱因斯坦的故事，加上罗素的结论，更令我相信：文明、智慧、幽默感应该是密切相关的。

前两天，朋友对我说，你的《每月清谈集》越写越严肃，可否轻松一点、幽默一点呢？我自问没有科学家的智商，也没有哲学家的智慧，何来幽默呢？不过，这一提醒让我想起近期在欧洲、美国及中国香港所接触的一些笑话，因录如下，在此或可博大家一笑。

◎一个男人会用两元去买只值一元的东西，一个女人会用一元去买值两元但却不需要的东西。

◎一个女人会不断担心自己的将来，直至她找到了一个丈夫；一个男人则从不担心自己的未

来，直到他找到了一位老婆。

◎和一个男人开心地相处是明白他多一些，爱他少少；和一个女人开心地相处是爱她多多，但千万不要尝试去明白她。

◎所有结了婚的男人都该努力忘记自己的错失，因为无必要两个人一起记着。

◎法国谚语：好丈夫应该装聋，好妻子应该装哑。

◎丹麦谚语："聋"的丈夫、"瞎"的妻子永远是一对幸福的夫妻。

◎甲乙二人乘气球升空遨游，因为风势很大，气球飘得很远，他们不知身在何方。他们把气球下降至离地约 20 米，然后大声问一位路人："请问我们在什么地方？"路人回答："你们在气球里。"甲对乙说，此路人肯定是经济学家，因为它的答案正确但一点用处都没有。路人听到甲的话，大声叫道："那么阁下必定是官员！"甲乙齐声说："你说的没错，但你怎么知道？"路人说："你们处于最有利的位置，却不断抱怨！"

你们觉得西方人的幽默感如何呢？

朋友看到此篇文章，又会说：你过了火，"尺

寸”掌握不好。

我的回应是：“这是笑话，不要当真。”

2002年3月30日

# 名吏之风骨

我感到任务艰巨，怕辜负人民对我的期望。但是，不管前面是地雷阵还是万丈深渊，我都将一往无前，义无反顾，鞠躬尽瘁，死而后已。

——朱镕基当选总理的记者招待会上的一段话

上个月在长辈的办公室发现了一本好书，名为《清代名吏判牍七种汇编》。这是清代著名官员，包括曾国藩、胡林翼、于成龙、袁子才等七人当官时判案的选集。书中有案情简介、个案判词及作者对判词的评述。因长辈的推荐，细读了几则，拍案叫绝，觉得很值得向大家介绍。

汇编中所有个案都是清代的真人真事，可读性甚高。正如作者序言所说，“读判牍，不但只是了解古人的才华，同时也认识历史社会的演变，古今法律的异同。因此，更能通彻地了解历史。尤其可当短篇小说或电视剧来看，也是一大乐事。”

一般来说，中国人重“家”，比西方人更有义气，更有人情味。但是，“法”不是“家”的死对头，家也有家法。

人们都认为中国人重“家”而轻“法”，以为只有先进的欧美国家重视法律，只有这些国家才有大量的法律案例留给后人参考。其实，中国从不轻“法”，也有几百年判案精华留存。

在此我向大家重点介绍汇编中的一则案例，由于成龙主判。此案是一宗钱债与政治纠缠在一起的案件，清官难断。看完于成龙的判牍，使我对这位清代名吏的人格由衷佩服。假如本人处于于成龙的位置，也未必有勇气如此办理。

话说广西罗城有姓吕及姓陈两家。吕家支持清朝入关有功。陈家父亲是明朝忠臣，为明朝战死沙场，儿子又是明朝军人。

明末，陈家富，吕家贫，陈家借八千钱给吕家。清初，吕家因军功而富，陈家则没落，一贫如洗。陈家向吕家讨前朝之债，吕家不给，并诬陷陈家“勾结江湖亡命，意谋不轨”。当时这个罪名足以使陈家被抄斩。更由于陈家是明朝勇士，可谓“入罪容易”。

于成龙深入调查。了解真相后，判吕家：第一罪，欠债不还，是为罪也（明确指出前朝民事债务纠纷，不能因“政权更易”而改变）；第二罪，图谋诬陷（暗指陈家父子为明朝征战，实为忠臣）；第三罪，利用政治诬陷，极为阴险，手腕狠毒，实属罕见。结果，判吕氏杖二百，流放三千里，家财充公，部分还陈家债务。

如此精彩的判案，诸公感觉如何？

清朝的官员敢这样判明朝的旧债案，敢惩办于大清有功之人，还明朝遗民之公道，没有正气及刚直不阿之风骨，怎敢如此。

世界上，聪明才智之士不少，有风骨又敢坚持者确实不多。

2002年4月30日

**图书在版编目（CIP）数据**

万般斗志总是情 / 施伟斌 著. —北京：人民交通出版社股份有限公司，2016.12
ISBN 978-7-114-13519-4

Ⅰ.①万… Ⅱ.①施… Ⅲ.①管理学 – 文集②人生哲学 – 文集 Ⅳ.① C93-53 ② B821-53

中国版本图书馆 CIP 数据核字 (2016) 第 299808 号

**每月清谈集**
**万般斗志总是情**

著 作 者：施伟斌
责任编辑：尤　伟
出版发行：人民交通出版社股份有限公司
地　　址：（100011）北京市朝阳区安定门外外馆斜街3号
网　　址：http://www.ccpress.com.cn
销售电话：（010）59757973
总 经 销：人民交通出版社股份有限公司发行部
经　　销：各地新华书店
排　　版：北京楚泰文化传播有限公司
印　　刷：北京鑫正大印刷有限公司

字　　数：75 千　　开　　本：880×1230　1/32　　印　　张：5.5
版　　次：2017年 3 月　　第 1 版
印　　次：2017年 3 月　　第 1 次印刷
书　　号：ISBN 978-7-114-13519-4
定　　价：30.00元